Os vínculos

Giordano Bruno

Os vínculos

Tradução:
Elaine Sartorelli

coleção bienal

Título original: De vinculis in genere
© 2012, Fundação Bienal / Hedra

Dados Internacionais de Catalogação na Publicação (CIP)

Bruno, Giordano, 1548–1600.
Os vínculos / Giordano Bruno; tradução Elaine Sartorelli.
– São Paulo: Hedra, 2012. – (Coleção Bienal) 92 p.

Título original: De vinculis in genere.

ISBN 978-85-7715-295-7

1. Estética 2. Filosofia 3. Vínculos I. Título. II.
Série.

12-11042 CDD 195

Índices para catálogo sistemático:
1. Filosofia italiana 195

Foi feito o depósito legal.

Direitos reservados em língua portuguesa
somente para o Brasil.

Editora Hedra
R. Fradique Coutinho · 1139 (subsolo)
05416-011 · São Paulo · SP · Brasil
+55 11 3097 8304
editora@hedra.com.br · www.hedra.com.br

Fundação Bienal de São Paulo
Av. Pedro Álvares Cabral, s/n.
Parque Ibirapuera · portão 3
04094-000 · São Paulo · SP · Brasil
+55 11 5576 7600
www.bienal.org.br

Sumário

7   Apresentação

15   Os vínculos

17   Os vínculos em geral

19   Sobre aqueles que ligam por meio de vínculos em geral

39   As coisas que podem ser atadas por vínculo em geral

57   O vínculo do Cupido e, de certa forma, o vínculo em geral

Apresentação
Luis Pérez-Oramas

Com a intenção de compartilhar algumas das leituras e referências teóricas que embasaram o pensamento curatorial da 30ª Bienal de São Paulo — *A iminência das poéticas*, compilamos esta coleção de livros de pequeno formato que reúne textos fundamentais para a curadoria e até agora inéditos em língua portuguesa.

A coleção complementa o catálogo da exposição e é constituída pelos seguintes títulos: *Amores e outras imagens*, de Filóstrato, o Velho; *Os vínculos*, de Giordano Bruno; o primeiro tratado dedicado a Frontão, que abre a *Réthorique spéculative*, de Pascal Quignard; *Ninfas*, de Giorgio Agamben; *A arte de birlibirloque* e *A decadência do analfabetismo*, de José Bergamín.

Para a curadoria, falar (as) imagens foi um *leitmotiv* sobre o qual elaboramos nosso projeto educativo — chamando-o, inclusive, entre nós, de "projeto Filóstrato". A publicação do livro do autor da segunda sofística, com suas 65 imagens descritas, impunha-se a nós por si mesma. Rosangela Amato aceitou generosamente traduzir do original em grego uma seleção desses quadros, sobre os quais filólogos e pensadores ainda discutem se existiram ou se foram simplesmente o pretexto

8 APRESENTAÇÃO

ideal para a invenção de um novo gênero literário.
Em todo caso, é uma certeza factual que as imagens
são mudas, que aqueles que se dedicam a produzi-
-las fazem — como proclamava Poussin — ofício de
coisas mudas. Mas o fato de que elas não cessam
de produzir glosas e palavras, textos e polêmicas,
de que também sejam objeto de um incessante mister
de descrições, no qual chegam a ser o que estão
destinadas a ser para nós, confirma a complexa
relação entre o verbo e a imagem.

Essa relação, essa equação nunca estável,
esse eco de Narciso que não ouve a reverberante
palavra da ninfa Eco regula todo o sistema do
figurável em nossa cultura. Ela mesma, a possibilidade de um nicho na imagem para o verbo ou de um
lugar na palavra para a imagem, é uma potência de
vínculo: e são os vínculos a matéria constituinte
da 30ª Bienal.

Os vínculos, na medida em que oferecem uma
possibilidade para a analogia — que não se refere
somente à semelhança, mas sobretudo à diferen-
ciação —, estiveram no coração de nossas motiva-
ções na medida em que nos propusemos a realizar
uma "bienal constelar". A relativa flexibilidade
desses vínculos, a possibilidade de um exercício analógico sem fim é uma das convicções de *A
iminência das poéticas*. Poder-se-ia dizer que a
iminência das poéticas não é outra coisa senão
esse exercício, esse devir analógico das coisas,
dos figuráveis e do dizível. "Nenhum vínculo é
eterno", diz Giordano Bruno em seu tratado, "mas
há vicissitudes de reclusão e liberdade, de vínculo e de liberação do vínculo, ou mais ainda, da
passagem de uma espécie de vínculo a outra".

Como não perceber em nosso exercício curatorial, então, quando propomos esse retorno ao
pensamento analógico, que a figura de Aby Warburg,

cuja obra final, o *Atlas Mnemosyne*, constitui uma das mais brilhantes manifestações modernas? A evocação da Ninfa de Warburg na brilhante reflexão de Agamben se justifica como um frontispício teórico de nossa Bienal.

A curadoria da 30ª Bienal estrutura-se sobre algumas convicções lógicas para adentrar o terreno nada lógico das artes: uma delas é que, como Ferdinand Saussure demonstrou para a linguagem, as obras de arte somente significam na medida em que marcam uma diferença e uma distância com relação a outras obras de arte. É no registro da possibilidade permanente de assemelhar-se e diferenciar-se que as obras de arte nos atingem, se fazem em nós e significam conosco e ali encarnam como sobrevivência e alterforma de outras formas.

Dessa certeza estrutural procede, talvez, hoje — quando os artistas retomam a equivalência humanística do *Ut pictura poesis* [assim como a pintura, a poesia] por meio de práticas conceituais centradas na primazia da linguagem —, a crescente presença de obras que se manifestam como arquivo e atlas. A segunda certeza da curadoria é que as obras de arte, e a própria curadoria, são atos de enunciação, apropriações de linguagem que encarnam em um aqui e agora e em um corpo: que são corpos, inclusive, quando apostam no mito de sua desmaterialização.

Nesse sentido, elas são, como a curadoria, o equivalente a uma voz. Para além de seu destino escritural — Pascal Quignard recorda-nos dois momentos traumáticos na questão da voz: o da "mudança vocal", quando a infância perde sua voz aguda e ganha gravidade terrena; e o da escritura, quando o barulho surdo do estilete sobre o papel anula, em seu corte silencioso, a vida da voz: quando escrevo, calo.

10 APRESENTAÇÃO

Desses problemas, deduz-se a importância dos textos de Quignard e Bergamín. Textos radicais e talvez estranhos para a sensibilidade contemporânea, habituada às simplificações de um meio atormentado por transações políticas e mercadológicas. A curadoria compartilha a certeza de Bergamín de que a cultura morre quando é totalmente submetida à imposição da letra inerte, quando se desvanece em nós a voz analfabeta que jaz desde a mais incerta origem. Também proclama, mesmo em suas cifras menos legíveis, a necessidade de uma inteligência do *birlibirloque* — curadoria como pensamento selvagem, como inteligência da bricolagem, para evocar Lévi-Strauss —, que se realiza no instante da ocasião e ante a concreção das coisas que resistem com seu impulso de morte, como o touro quando investe contra a metáfora vermelha do toureiro. Finalmente, se falar (as) imagens é um exercício sempre inconcluso, a razão talvez esteja na densidade natural do mundo e na resistência antifilosófica da voz: Frontão envia uma carta a Marco Aurélio na véspera de seu primeiro discurso diante do senado de Roma, no belo texto de Quignard. Não confunda nunca — repreende-o — a linguagem com seu voo.

Se quisemos algo em *A iminência das poéticas*, foi tentar seguir ao pé da letra o programa contido em um fragmento de Frontão: não nos identificarmos com a linguagem em flor (os sistemas), nem com a linguagem silvestre (vernácula), mas com a linguagem *in germine* (germinativa), com a linguagem enquanto está vindo, enquanto é, ainda, iminente.

Os textos mais antigos, de Filóstrato e Giordano Bruno, poderiam então funcionar como a referência histórica e teórica da coleção: textos de enorme influência e grande reputação intelectual, hoje confinados ao esquecimento do grande público leitor. Esses dois livros são testemunho de um mistério: assim como os mitos, cuja origem é impossível discernir na variedade de suas configurações, não deixam de produzir efeitos reais, igualmente, a cultura ocidental da imagem, e sua relação com a voz e com o pensamento, continua sob a influência desses dois textos capitais.

Pode-se dizer que Filóstrato, o Velho, inaugura com seus *Eikones* [Imagens] uma das formas poéticas mais frequentadas de nossa cultura: a da descrição verbal de imagens puramente figurativas. Essa forma, conhecida como écfrase, deu lugar em nossa cultura a uma possibilidade de materialização e transmissão para a equação insolúvel entre o visível e o legível, entre o visual e o verbal, em meio à qual não podemos deixar de viver. O que o livro de Filóstrato gerou, e ainda sugere, além de uma incomensurável quantidade de cenas de representação, desde os pintores e gravadores da Antiguidade até Musorgsky e Sokurov, é a impossibilidade de distinguir qualquer antecedência entre imagens e palavras. Toda palavra tem por iminência uma imagem, à qual serve como fundação; toda imagem tem por iminência uma palavra, que lhe serve como ressonância.

Quanto a Giordano Bruno, filósofo esquecido mas não menos fundamental, foi Robert Klein que, no século passado, e entre os que renovaram o destino da história da arte como disciplina intelectual, mais claramente expôs o papel-chave de *Os vínculos* no espaço da cultura visual moderna: "O humanismo havia posto o problema das relações entre a ideia e a forma que a expressa na retórica, na lógica, na poesia, nas artes visuais; havia se esforçado em unir o quê e o como, em encontrar para a beleza da forma uma justificativa mais profunda que a necessidade de aparência". Mas, por mais que tenha avançado, nunca negou que, em todos esses campos, "o que se diz" deve existir anteriormente à expressão. Daí que, de um ponto de vista muito simplificado, o humanismo se conclui nas ciências quando o método de pesquisa se torna fecundo por si mesmo, e na arte quando a execução, a *maniera*, se transforma em um valor autônomo. Quando, em 1600, a consciência artística havia chegado a esse ponto, não encontrava nenhuma teoria da arte que pudesse dar conta dela. Não restava mais que a antiga magia natural, ou seja, uma estética geral que ignorava a si mesma e que Giordano Bruno se precipitou em desenvolver no magnífico esboço que intitulou *Os vínculos*.

Bem iniciada esta segunda década do século XXI, ainda vivemos sob a égide estética dessa cultura da fascinação: não parece afirmar outra coisa nossa civilização numérica de relacionamento digital, com a ilusão de comunidade que se esconde por trás das "redes sociais" e que não faz mais do que gerar uma modalidade de exibicionismo tão furtivo quanto persistente. Dessa forma, pareceria que nossa relação de fascinação com o mundo é cada vez mais dependente de uma mediação escritural, codificada, metaletrada. Os ensaios de José Bergamín, já clássicos, dedicados a reivindicar a viva voz contra a letra morta, denunciando a decadência do analfabetismo e defendendo a necessidade de uma cultura da voz, assim como seu tratado sobre a tauromaquia, arte de *birlibirloque*, representam um manifesto a favor da sobrevivência da natureza, contra o esquecimento da infância e da experiência. Meditações gerais dissimuladas em seu circunstancial objeto textual, ambos os ensaios, além de serem peças supremas da literatura espanhola moderna, são de uma surpreendente atualidade e pertinência.

Do grande filósofo Giorgio Agamben, autor de *Infância e história*, ensaio que aborda o moderno esquecimento da experiência, apresentamos um dos ensaios mais recentes intitulado *Ninfas*. Central no pensamento da 30ª Bienal, a figura de Aby Warburg e seu *Atlas Mnemosyne* também o é nesse ensaio de Agamben, que parte da visão da prancha 46 da referida obra, ineludível para o pensamento atual da arte. A Ninfa clássica, pretexto e objeto, em Warburg, de uma obsessiva reflexão sobre a imagem e a fórmula do *páthos*, é aqui objeto de análise e pensamento como figura tutelar da "vida após a vida" [*nachleben*] das imagens: encarnação emblemática da sobrevivência e alterforma que dá lugar à continuidade do visível em nossa cultura.

Finalmente, o primeiro tratado da *Réthorique spéculative*, de Pascal Quignard — dedicado a Marco Cornélio Frontão, retórico esquecido entre as ruínas e os fragmentos da Roma clássica, tutor do imperador Marco Aurélio —, transforma-se no pretexto de um dos ensaios mais belos e brilhantes da literatura francesa contemporânea: unem-se nessa escrita fulminante e suave, rebuscada e precisa, as reflexões centrais da 30ª Bienal: a primazia da voz sobre a letra, o impulso antifilosófico da imagem, a novidade do arcaico que jaz no fundo de nosso alento, a entonação e a afasia, a fascinação e a metamorfose, a nudez da linguagem e a cena invisível da origem.

Tradução: *Gênese de Andrade*

Os vínculos

Os vínculos em geral

É necessário que aquele que deve estabelecer um vínculo tenha um conhecimento por assim dizer universal das coisas, a fim de ser capaz de prender o homem (o qual é, realmente, o epílogo de todas as coisas). De fato, como dissemos em outra parte,[1] em nossa espécie nos é permitido ver melhor as espécies de todas as coisas, sobretudo por meio de correspondências: alguns homens se aproximam dos peixes, outros das aves, das serpentes, outros dos répteis, quer segundo seu gênero, quer segundo sua espécie. A cada um dos homens toca ainda a diversidade dos usos, dos costumes, das finalidades, das inclinações, das compleições, das idades; e, assim como o imaginam sobre Proteu[2] ou Aquelôo,[3] é lícito imaginar que uma mesma matéria transmigre para várias formas e figuras, de tal forma que, para amarrá-la continuamente a umas e a outras, seja preciso usar diferentes espécies de nós. Aponta para isso a consideração sobre os

---

1 Esses passos serão apontados mais adiante, conforme apareçam mencionados por Bruno. [Todas as notas são da tradutora.]

2 Criatura do mar que tem a capacidade de se metamorfosear em animais ou elementos da natureza.

3 Deus-rio que se transformava em dragão ou touro.

costumes dos homens, quer sejam os dos jovens, quer sejam os dos velhos, quer sejam os daqueles de condição mediana, quer sejam os dos nobres, os dos ricos, os dos poderosos, os dos afortunados. Acrescenta a estes os costumes dos invejosos, dos ambiciosos, dos militares, dos mercadores e de outros desse tipo, visto que também estes tais assumem a administração na maior parte dos serviços públicos, ou que esses tais são necessários como meios ou instrumentos, sendo, por esse motivo, conveniente ligar-se a eles também. Não parece haver nada, afinal, que possa ser alheio a uma especulação de ordem civil sob a forma dessa consideração (na medida em que ou os homens se vinculam ou são vinculados, ou há os próprios vínculos ou as circunstâncias deles). Por isso acrescentamos esta consideração, que se intitula *Sobre o vínculo em geral*.

Sobre aqueles que ligam por meio de vínculos[4]
em geral

Artigo I. Espécies de seres que ligam com vínculos.

As forças que ligam por todo o universo são Deus, o Demônio, o Espírito, o Ser Animado, a Natureza, a Sorte e a Fortuna e, finalmente, o Fado. Esse vínculo que ata universalmente, o qual não pode ser designado por um só nome, não ata sob a espécie e os sentidos do corpo, pois o corpo não desperta os sentidos por si mesmo, mas por intermédio de certa força existente no corpo e que procede do corpo. Logo, esse vínculo que ata é chamado metaforicamente de "mão", a qual, com múltipla preparação, se dobra e se inclina para estabelecer o vínculo.

Artigo II. Efeito daquele que liga por vínculo.

Esta é aquela força que, por estabelecer vínculos, os platônicos dizem que adorna a mente com a ordem das ideias; que preenche o espírito com a sequência dos raciocínios e com discursos harmoniosos; que fecunda a natureza com sementes variadas; que

---

4   Nesta primeira parte, Bruno trata do *vinciens*, o "vinculante", ou seja, aquele que é capaz de atar ou ligar.

20   OS VÍNCULOS

dá forma à matéria com uma infinidade de condições; que vivifica, aplaca, acaricia, estimula
todas as coisas; que ordena, procria, rege, atrai,
inflama todas as coisas; que move, abre, ilumina,
purga, satisfaz, completa todas as coisas.

Artigo III. Como se estabelece um vínculo
por meio da arte.

O artista estabelece vínculos por meio da arte,
visto que a arte é a beleza do artista. Certamente ficará como que atônito e estupidificado
aquele que vir a beleza das coisas artificiais
e a das naturais sem ao mesmo tempo contemplar e
admirar o engenho pelo qual todas as coisas foram
feitas. A este "as estrelas não narram a glória
de Deus";[5] e (certamente com alma grosseira) co-
brirá de beijos as obras de Deus mais do que a
Deus etc.

Artigo IV. Como o homem é atado por muitos
vínculos.

Dentre as coisas que formam vínculos, a maioria
certamente ata os homens, mais do que os seres
brutos; e também a maior parte liga os de engenho
mais vigoroso, mais do que os mais estúpidos, já
que aqueles que têm abundância de mais faculdades
e potencialidades enxergam mais partes, circunstâncias e fins, e, por conseguinte, são movidos
por mais apetites.

Artigo V. Como o sentido é o intermediário
daquele que ata por vínculos.

Uma libido escassa e excitada pelo impulso natural
ata o homem estúpido; seu alimento se limita a

---

5   Primeiro verso do Salmo 18: *"coeli enarrant gloriam Dei"*
      ["os céus narram a glória de Deus"].

poucas espécies, e grosseiras. A eloquência não o acaricia, e nem as elegâncias, nem a música nem a pintura o seduzem, nem os outros atrativos da natureza.

Artigo VI. Porque não basta um só vínculo.

Por isso estou atado a muitas coisas, por isso sinto que há mais seres que me atam: porque os graus da beleza são diversos e estão separados. Isto me inflama e me ata a este por uma razão; outra coisa àquele, por outra razão. Porque, se todas as razões se reunissem em um só ser, talvez só um, por todos e dentre todos, me aprouvesse. Mas, até aqui, a natureza não o tolerou absolutamente, a fim de espalhar vários vínculos de beleza, de alegria, de bondade, bem como dos diversos afetos contrários a eles, e oferecê-los distinta e separadamente segundo a multiplicidade de partes da matéria. Mas acontece por vezes que alguém seja escravizado por um único objeto, quer pela estupidez de seus sentidos, que estão cegos e indiferentes para com outra ordem de coisas, quer por causa da veemência desse único vínculo, que assim o aflige e tortura exclusivamente, de tal modo que por isso o sentido das outras coisas se enlanguesça, se destrua, se suprima. Mas isso acontece raramente e a poucos, e é admirável como se deu em alguns que, pela esperança da vida eterna e por certo ardor de sua fé, ou por sua crença, pareceram estar tão arrebatados em espírito, tão separados, em certo sentido, de seu corpo, tão veementemente capturados pelo objeto ao qual eram ligados em pensamento e fantasia, que deram a impressão de não sentir nem mesmo as torturas mais terríveis, como é sabido no caso

22   OS VÍNCULOS

do filósofo Anaxarco,[6] no do galileu André,[7] no do presbítero Lourenço[8] e no de outros que, até mesmo em nossos dias, dão testemunho de sua religião diante de príncipes e reis assassinos.[9] Mas, quanto ao cínico Diógenes[10] e a Epicuro,[11] estes, uma vez que seu espírito estava encadeado pela razão ao desprezo pelas coisas e à indiferença pela opinião, segundo os princípios e as ordens naturais, estes, por essa razão, removeram de si as sensações de todos os prazeres e de todas as dores, e julgavam ter atingido o sumo bem que é concedido nesta vida à condição humana quando, com certa vontade heroica, preservavam o espírito afastado da dor, do temor, da ira e de outras afecções tristes; e, pelo desprezo das coisas ignóbeis, certamente transitórias, que existem nesta vida, davam testemunho de que haviam alcançado uma vida semelhante àquela dos deuses, mesmo neste corpo mortal; e, assim, de que haviam indicado aos outros o bem mais alto e a virtude mais exímia que julgavam que eles próprios haviam conseguido.

---

6   Anaxarco de Ábdera, cuja vida foi narrada por Diógenes Laércio, foi cruelmente torturado por Nicocreon, tirano de Chipre, mas conta-se que manteve a serenidade preconizada por sua filosofia. Era chamado o Bem-aventurado.

7   André, o apóstolo. Foi crucificado, segundo a tradição, numa cruz em forma de X, chamada a partir de então de "cruz de Santo André".

8   São Lourenço, diácono que viveu no século III. Sofreu martírio sob Valeriano: atado a uma grelha, foi assado vivo lentamente.

9   O próprio Bruno foi executado num auto de fé no dia 17 de fevereiro de 1700.

10   Diógenes de Sínope, o Cínico.

11   Epicuro de Samos, filósofo que pregava a *ataraxia*, ou seja, a impassibilidade diante de paixões que possam perturbar a alma.

Artigo VII. O que o caráter confere àquele que forma um vínculo.

Há aqueles que dizem que aquele que ata pela superioridade de seu caráter pode atar outro sem estar atado, mas que o vínculo recíproco é próprio de dois caracteres que estão em igualdade e que consiste em certo equilíbrio de qualidade. Mas, segundo a opinião destes, seguir-se-ia que o caráter muda e se altera continuamente, conforme se alteram as formas, as compleições e as aparências; porque aquele que uma criança ata, um jovem não ata da mesma maneira; e aquele a quem a menina atava, a este, quando é mulher feita, já não ata. Então não se deve referir a um princípio único e simples o fato de que uma coisa composta e variada em sua própria natureza, e que consiste mesmo de contrários, estabeleça um vínculo.

Artigo VIII. Quem é atado por um vínculo mais facilmente.

O homem que é mais verdadeiramente homem vê-se ligado sobretudo pela espécie das coisas mais dignas. E a este agrada muito mais esperar por essas coisas mais dignas do que possuir as vis. Na verdade, a posse destas facilmente nos provoca a náusea; mas morremos de amor mais ardentemente por aquelas que não possuímos facilmente.

Artigo IX. Como o mesmo liga do mesmo modo por coisas contrárias.

Confusos, e de certa forma até contraditórios, parecem ser os vínculos provenientes de um mesmo gênero de seres capazes de atar, quando se observam os efeitos e os efeitos contrários desses vínculos. Aquele, por exemplo, contra quem os laços de Cupido investirem: ver-se-á ora coagido por um mesmo e idêntico fogo, ora, pela percepção

24 OS VÍNCULOS

de um único e idêntico laço, levado a gritar e
a silenciar, à alegria e à tristeza, à esperança
e ao desespero, ao temor e à coragem, à ira e à
ternura, ao riso e ao choro. Daí os versos:

> *Io che porto d'amor l'alto vessillo*
> *Gelate ho speme e li desir cocenti,*
> *A un tempo agghiaccio e tremo, ardo e*
> *sfavillo,*
> *E muto colmo il ciel destrida ardenti,*
> *Dal cuor scintille e da gli occhi acqua*
> *stillo,*
> *E vivo e muoro, e fo risa e lamenti;*
> *Ho vive l'acqui e l'incendio nò more,*
> *Che han Theti a gli occhi e ha Vulcano*
> *al cuore.*[12]

Artigo X. Aquele que ata não ata coisas diferentes pelo mesmo e único vínculo.

Não há nada absolutamente belo que ate como aquilo
que é agradável, não há nada absolutamente bom que
ligue como o que é útil, não há nada absolutamente
grande se é finito. Em matéria de beleza, observa
como o símio agrada à símia e o cavalo à égua,
de forma que nem sequer Vênus poderia agradar a
uma espécie diferente daquela dos homens e dos
heróis. Em matéria de bem, observa como todas as
coisas procedem de contrários: como, para alguns

---

12 Eu que carrego bem alto o estandarte do amor/ De gelo são
minhas esperanças, e meus desejos, de fogo,/ E ao mesmo
tempo gelo, tremo, ardo e me abraso,/ E mudo, preencho o
céu com minhas queixas ardentes./ Do coração fagulhas,
e dos olhos água distilo,/ E vivo e morro, emito risos e
lamentos;/ E vivas são as águas, e o incêndio não morre,/
Que tenho Tétis nos olhos e Vulcano no coração. Oitava
inicial do primeiro soneto do Livro I, Diálogo Segundo,
de *De gl'heroici furori* (1585), de Giordano Bruno.

seres vivos, as coisas boas estão sob as ondas,
e, para outros, na terra seca; para estes, nos
montes, para aqueles, na planície; para alguns,
nas profundezas, para outros, nas altitudes.

Artigo XI. Quem ata com vínculos.

Por conseguinte, sabe estabelecer vínculos aquele
que tem conhecimento de tudo, ou que conhece ao
menos a natureza, a disposição, a inclinação, o
hábito, a utilidade e a finalidade daquela realidade particular que deve ser ligada por vínculo.

Artigo XII. Não há nenhum ser particular que
possa formar vínculos com tudo.

Aquilo que é absolutamente belo e bom e grande e
verdadeiro ata absolutamente o afeto, o intelecto
e tudo. E mais: não perde nada, contém todas as
coisas, deseja todas as coisas, é desejado e procurado por muitos, porque seu vigor se manifesta
com diversos gêneros de vínculos. É por isso que
nós aspiramos à abundância de muitas artes, porque não há nenhuma que dê conta de ser universal,
pura e simplesmente; mas isto é de uma forma, e
aquilo, de outra forma. Portanto, uma vez que não
há nenhuma coisa particular que seja absolutamente
bela, boa, verdadeira etc., e não somente acima
dos gêneros, mas tampouco dentro de um gênero e
de uma espécie, não há nada tampouco que possa
atar de maneira simples nos mesmos graus. O an-
seio pelo belo, pelo bom etc. existe, contudo,
em todas as coisas; pois todas as coisas anseiam
ser belas absolutamente e sob todos os aspectos,
ao menos conforme a condição da própria espécie e
do próprio gênero. Uma pois é a beleza e a bondade de uma espécie; e outra, a de uma outra; em
uma domina um dos contrários; na outra, o outro.
E não se deve tampouco buscar toda a beleza e toda

26 OS VÍNCULOS

a bondade de uma espécie a não ser na espécie como um todo, e através de toda a eternidade, considerando todos os indivíduos separadamente. Zêuxis, que pintou sua Helena a partir de várias jovens de Crotona,[13] atestou isso a propósito da beleza humana. E, na verdade, ainda que fosse possível existir uma menina bela por qualquer ângulo e sob todos os aspectos, quem poderia representar o belo em sua totalidade e de todas as maneiras, uma vez que existem incontáveis diferenças de beleza corporal na espécie feminina, entre as quais não podem ser encontradas senão algumas numa única mulher? A beleza, de fato, quer consista de certa simetria, quer de qualquer outra coisa que, ela própria incorpórea, pode ser discernida na natureza corpórea, é uma realidade múltipla que provém de variantes incontáveis; por isso, assim como a aspereza de uma pedra não é cabível, ajustável ou compatível para com a aspereza de outra pedra qualquer, senão quando as reentrâncias e cavidades são correspondentes, assim, da mesma forma, não é qualquer espécie que encontrará abrigo em qualquer alma. Portanto, indivíduos diferentes ligam-se a objetos diferentes e, ainda que a mesma coisa ligue Sócrates e Platão, atará um e outro de forma diferente. Certas coisas comovem uma multidão, outras, apenas poucas pessoas; algumas, os homens e os de natureza viril, outras, as mulheres e os de natureza feminina.

---

13 Zêuxis de Heracleia (V a.C.), talvez o mais famoso pintor da Antiguidade. É conhecido o episódio em que, tendo sido convidado a retratar Helena, reuniu cinco das mais belas jovens de Crotona e retratou o melhor de cada uma a fim de criar a imagem da mulher mais bela de todos os tempos.

Artigo XIII. Os vários instrumentos daquele que forma vínculos.

A natureza espalhou, distribuiu e de certo modo disseminou os objetos de beleza, bondade, verdade e dignidade; por isso, mais pessoas podem estabelecer vínculos por mais razões e em nome de diferentes fins. O bom agricultor ata e torna-se amável por uma razão; por outra um cozinheiro, por outra um soldado, por outra um musicista, por outra um pintor, um filósofo, um rapaz; esta jovem, porque tem um belo andar; aquela, porque fala melhor. Dentre todos, não há ninguém que, sozinho, tenha tudo e de todas as formas; mas aquele que, segundo espécie e modos, for considerado hábil e afortunado em mais coisas, este superará mais pessoas, dominará sobre mais pessoas, e por meio de mais pessoas triunfará acerca de todas as coisas no interior de sua espécie.

Artigo XIV. Conveniência daquele que forma vínculos.

Como os tempos são diferentes, diferentes as ocasiões, e se sucedem diferentes afecções, e a medida não é única nem sempre a mesma; assim também não existe algo que seja uno e simples e de quantidade e de qualidade idênticas, que possa agradar igualmente a todos, gratificar igualmente a todos, ou talvez mesmo a pessoas isoladas ou a uma pessoa só em tempos diferentes; por exemplo, a mesma comida ou a mesma quantidade ou qualidade de comida. E o mesmo vale para tudo aquilo a que está atado nosso desejo.

Artigo XV. Diferenças dos seres que atam com vínculos.

E há coisas que formam vínculos por virtude própria, e há outras que formam vínculos por algo de seu, que pode ser uma parte ou uma quantidade; e há outras ainda que formam vínculos em razão de outra coisa à qual assistam, à qual se subordinem ou para a qual estejam disponíveis, tal como um belo edifício que se ergue a partir de partes disformes.

Artigo XVI. Recursos variados daquele que liga por vínculos.

Muitas são as coisas que, ainda que sejam belas, contudo atam-nos por vínculo somente porque são boas: como um cavalo, um navio, uma casa, uma estátua, um cão e uma ave. Mas um homem belo não forma vínculos por ser considerado bom, assim como tampouco um homem bom forma vínculos por ser julgado belo; de fato, pode acontecer que a beleza seja acompanhada de culpa e erro. Toma o exemplo de uma mulher bela e pobre: mais exposta às tentações, é mais facilmente aliciada por presentes. Diferente é a regra das coisas diferentes, contrária a dos contrários, semelhante a dos semelhantes.

Artigo XVII. Sede daquilo que ata por vínculo.

Alguns, por seu pouco discernimento, pensam, como os platônicos, que aquilo que forma os vínculos é uma aparência da realidade que passa da realidade à alma, e, no entanto, não se afasta da realidade. Como o fogo, que não se enfraquece ao comunicar a própria aparência, como uma imagem qualquer que existe primeiro no sujeito, e depois no espelho, no espaço intermediário e nos olhos. E, se consideramos mais profundamente, descobrimos que realmente existe no corpo, especialmente no corpo sensível, aquilo de que consiste o vínculo, mas, como a alma, não tem nenhuma parte definida no corpo. Sua virtude procede da condição da alma. E, se a ferida do amor provém dos olhos, ou da boca ou do rosto, ver-se-á todavia que não está nessas sedes simplesmente, nem pode ser encontrada nelas nem provém delas; uma vez que os olhos, considerados por si mesmos e separadamente, não têm a mesma força que têm na composição com as outras partes do rosto. Consideração semelhante vale para a boca, o nariz, semelhante para o rosto, que, sobre o cavalete do pintor, poderá até não agradar. Indefinida, pois, e impossível de circunscrever é a razão da beleza, e, de forma semelhante, a razão da alegria ou a da bondade. Ademais, nem toda explicação do vínculo deve ser buscada naquele que ata, mas também, na outra parte, não menos importante: naquele que está atado. De fato, não tendo mudado em nada a qualidade e a substância do alimento, recusa-se, depois da refeição, a comida que um pouco antes era devorada avidamente. Os laços do Cupido, que antes do coito eram intensos, tornam-se fracos depois de um pequeno jato de sêmen, e o fogo se torna então temperado, mesmo o belo sujeito tendo permanecido lá, o mesmo. Assim, nem toda explicação do vínculo se refere a isso.

Artigo XVIII. Predisposições daquele que forma vínculos.

Diz-se que aquele que liga por meio de vínculos se predispõe a ligar por três meios: ordem, medida, aspecto. A ordem dá os intervalos entre as partes, a medida define a quantidade, o aspecto se exprime por figuras, contornos e cores. Assim, no vínculo da voz, por exemplo, a ordem consiste em subir e descer por meio de graves, agudos e notas intermediárias; a medida, no ritmo das terças, quartas, quintas, sextas etc. e na progressão de tons e semitons; o aspecto, na musicalidade, suavidade, clareza. Proporcionais são estes três meios em todas as coisas que, compostas ou simples, têm predisposição para formar vínculos.

Artigo XIX. Diversidade das predisposições.

Com respeito aos vínculos, há ainda outra predisposição, que vem de sinais e vestígios que indicam a boa disposição da alma; e, por meio dessa predisposição, o espírito é estimulado a perseguir um só gozo para o espírito, a fim de que se ligue e se una a outro espírito; mas a graciosidade, que tem sua predisposição na disposição do corpo e de seus membros, ou que vem das vestes que envolvem o corpo, sujeita o espírito a um gozo corporal. Mas quando a predisposição for ao mesmo tempo do corpo e do espírito, ela impelirá mais veementemente para um e outro gozo, ou atrairá por um e outro princípio. Além disso, há os que são atados pelo espírito a tal ponto que desejam também o corpo, que é recipiente daquele. E uns poucos ocupam-se do espírito a ponto até de desprezar qualquer aspecto corporal, se falta ao corpo a predisposição do espírito. É o que se conta de Sócrates, que exigia que o rapazinho gracioso falasse primeiro, antes de definir o amor que aprovaria para ele.[14]

Artigo XX. Condições daquele que ata.

Os aduladores aumentam virtudes modestas, atenuam os defeitos, desculpam os erros, incluem os malfeitos no cômputo das virtudes, e o fazem cautelosamente, para não trair a própria arte da

---

14 No *Banquete* (217-220), de Platão, Alcebíades conta suas tentativas para seduzir Sócrates, o qual teria se mostrado refratário à beleza do corpo.

adulação. E assim atraem para si pessoas não particularmente astutas, porque ser amado e honrado é agradável e gratificante para qualquer um, e ser capaz de ligar a si qualquer um é indício de certa virtude superior.

Artigo XXI. Como é atado aquele que ata.

Aquele que ata com um vínculo obtém alegria e certa glória; e tanto maiores e tanto mais veementes estas quanto mais generoso, mais louvável e mais digno é aquele que é atado; naquela alegria, naquela glória, repousa a força do vínculo, por meio da qual aquele que ata é atado de volta por aquele que havia atado. Os vencedores, ao elogiar os vencidos, exaltam sua própria vitória, e, enquanto isso, enganam-se a si mesmos, mais do que aos outros: e isso se faz também no desejo e em outras manifestações dos vínculos na vida civil. E sobremodo vil deve ser o caráter que, com coração ingrato, não retribui reciprocamente um amante notável e especial, ou ligado a ele em espírito por outra razão.

Artigo XXII. Distinções daquele que ata.

Há uma espécie de ser formador de vínculos pelo qual queremos nos tornar dignos, belos e bons; e há uma espécie pelo qual cobiçamos apoderarmo--nos do bom, do belo, do digno. O primeiro gênero de ser que vincula provém do objeto de que nos sentimos carentes; o segundo, daquele que mais temos. De todos esses, não somente o bem ata por um vínculo, mas também a opinião do bem; no entanto, o vínculo é por toda parte inseparável de certa proporção e acomodação. Muitas vezes também a fantasia e a opinião atam mais que a razão; e aquela é até mais intensa que esta. E, em verdade, muitos que amam sem razão, embora não amem

32 OS VÍNCULOS

sem causa, são certamente atados por um vínculo,
mas ignoram de onde provém o vínculo.

Artigo XXIII. Cegueira daquele que forma
vínculos.

Oculta também da grande maioria e até dos sábios é
a razão dos vínculos: pois de que vale mencionar
a razão da analogia, da semelhança, da afinidade,
e esse gênero de palavras sem sentido, quando
vemos que não há nada que o homem odeie mais do
que outro homem – seu companheiro, o ser mais
semelhante a ele –, mas também por vezes não há
nada que ame mais, e isso por causa ignorada?
Pois a explicação geral que se aduz não significa
absolutamente nada, visto que há certa dissolução
de elos e indiferença entre as coisas que são do
mesmo gênero e da mesma espécie, como entre mulher
e mulher, entre macho e fêmea; acrescenta a estas
as condições do homem feito, do velho, do menino.
E que dirás do amor pelas coisas das quais somente
se ouviu falar, que é chamado comumente de "de-
voção"? Acaso o homem não está ali ligado com o
maior cuidado a coisas celestiais e imateriais, e
até imaginárias e inalcançáveis? Omito descrever
por espécies a espécie de virtude dos vínculos,
mas me refiro especialmente àquela que reside nos
encantamentos. Nem é verdade que a força de um
vínculo procede do bem, como diz alguém – é mais a
opinião do bem que é capaz de estabelecer um vínculo; e nem tampouco que aquela força emana de uma
causa evidente mais do que de uma causa oculta. E
já dissemos como as diferenças e as espécies de
bens são diversas.

Artigo XXIV. Habilidade daquele que ata.

Da mesma forma que os ignorantes se deixam atar
por um adulador arguto mais do que por um amigo

verdadeiro, assim também os vínculos e a eficácia daquele que os estabelece se formam e se mantêm com um artifício: se ele proíbe a carreira militar a um medroso, o culto aos deuses a quem é furiosamente ímpio, ou aconselha uma pessoa desumana a cuidar dos próprios interesses, ele empurra as coisas na direção para a qual são mais inclinadas, da mesma maneira como quem quer atrair para si um cilindro o faz rolar pelo lado da superfície redonda, e não pelas pontas e ângulos.

Artigo XXV. Armas daquele que ata.

As armas daquele que forma vínculos são de três tipos. O primeiro tipo está nele próprio, e comporta duas espécies de arma: as essenciais, sejam naturais, sejam aquelas que provêm da natureza da espécie; e as acidentais ou acrescentadas, isto é, aquelas que se juntam à natureza da espécie, como o são a sagacidade, a sabedoria e a arte. As segundas coisas encontram-se ao seu redor, como a sorte, a fortuna, o acaso, o que lhe vem ao encontro ou lhe cruza o caminho; e as últimas coisas estão acima dele, como o fado, a natureza e o favor dos deuses.

Artigo XXVI. Ocasiões daquele que forma vínculos.

Aquilo que experimentamos continuamente na refeição ou no coito existe, proporcionalmente, em todo ato de estabelecer vínculos. Pois somos atraídos e atados pelo desejo e pelo amor às coisas, mas nem sempre às mesmas coisas, nem do mesmo modo, nem na mesma medida ou segundo as mesmas vicissitudes do tempo; pois a nossa compleição flutua e decai com o tempo, bem como todas as coisas que acompanham a compleição. Por isso, com reflexão previdente e antecipatória, é preciso conhecer em

34 OS VÍNCULOS

tempo o momento de estabelecer um vínculo e apro-
veitar com a maior rapidez o instante presente, de
modo que aquele que pode formar um vínculo lance o
laço e o feche o mais rápido possível.

Artigo XXVII. Os olhos daquele que forma
vínculos.

Os vínculos são sutis, e aquilo que liga é quase
imperceptível, profundo, passível apenas de se
examinar ligeiramente, na superfície, por assim
dizer, como aquilo que está sujeito a transfor-
mações a cada momento. Ele se relaciona com quem
quer envolvê-lo em seus laços não diferentemente
de Tétis, ao evitar os abraços de Peleu.[15] Assim,
o vínculo deve respeitar o ritmo das mudanças e
perceber em potencialidade a forma assumida por
aquilo que a precede. Pois embora a matéria seja
de fato indefinida, aberta a formas incontáveis,
ainda assim, a partir de sua forma presente,
ela não se afasta de todas as outras possíveis
igualmente, mas, entre estas, sobretudo uma única
segue-se a ela imediatamente, enquanto outra se
segue a intervalos, uma com mais, outra com menos; e uma outra ainda é a que está mais longe
de todas. E assim, exatamente como a forma do
sangue segue imediatamente a forma do quilo,[16]
assim, ao vínculo da indignação sucedem as iras,
aos vínculos da ira sucedem os vínculos da tristeza, assim como a bile amarela passa facilmente
àquela escura. Por conseguinte, uma vez evidente

---

15 Tétis, deusa marinha, foi prometida pelos deuses a Peleu, mas, para evitar o contato deste, transforma-se
sucessivamente em fogo, água, vento, árvore, pássaro,
tigre, leão, serpente, peixe. Ver Ovídio, *Metamorfoses*,
XI, vv. 221-265.

16 Líquido leitoso secretado pelo intestino durante a di-
gestão.

a qualidade presente que afeta o sujeito, antes
que aquela Tétis migre para alguma outra forma,
Peleu terá concebido e preparado os vínculos de
antemão — ele sabe bem que uma é a forma como deve
ser atada uma serpente, outra, um leão, outra, um
javali.

Artigo XXVIII. Astúcias daquele que forma
vínculos.

Aquele que forma um vínculo não prende o objeto
do vínculo facilmente, assim como o general não
conquista facilmente uma fortaleza muito bem ar-
mada, a menos que a passagem lhe seja aberta de
dentro por algum traidor ou por alguém que con-
sentiu com um pacto ou por alguém que se rendeu
ou por um enviado de alguma forma disposto a um
tratado; assim também, Vênus, naquilo que lhe
é específico, não vence e não conquista a fortaleza facilmente quando os copos estão vazios,
o espírito, inquieto, a ansiedade, ardente; mas
os copos transbordantes, o espírito tranquilo,
a mente quieta, o corpo descansado, estes abrem
a fortaleza; tendo observado a troca de turno
desses guardiões e sentinelas, deve-se ousar re-
pentinamente, atacar com força, agir com todos os
recursos, não conceder cessar-fogo. Não é outra
a estratégia a ser empregada em todas as demais
operações para estabelecer um vínculo.

Artigo XXIX. Escala daquele que prende com
vínculos.

Aquele que forma um vínculo não prende a si a
alma, se ela não for capturada; não a captura,
se ela não estiver atada; não a ata, se não tiver
se unido a ela; não se une a ela, a menos que
a tiver alcançado; não a alcança, a não ser por
meio de um movimento; não se move, a menos que por

meio de um impulso; não tem esse impulso, a não
ser depois de ter se inclinado, ou declinado, em
direção a ela; não se inclina, a não ser que tenha
sido impelido pelo desejo e pelo apetite por ela;
não é movido pelo apetite, a menos que a tenha
conhecido; não a conhece, se o objeto, em figura
ou simulacro, não se fizer presente a seus olhos
e ouvidos, ou a percepções do sentido interno.
Aquele que ata faz, portanto, atingir os vínculos
por meio do conhecimento em geral, entrelaça os
vínculos por afeto em geral: falo de conhecimento
em geral, porque às vezes não se pode saber por
intermédio de qual sentido a alma foi capturada;
e falo de afeto em geral, porque às vezes não é
fácil defini-lo.

Artigo XXX. Portas pelas quais aquele que
forma vínculos ataca.

Três são as portas pelas quais o caçador de almas
tenta lançar seus laços: a visão, a audição e a
mente ou imaginação. Porque, se conseguir entrar
ao mesmo tempo por todas essas portas, liga da
forma mais poderosa e amarra com os nós mais fir-
mes. Pela porta do ouvido, ingressa armado da voz
e da filha da voz, a fala; pela porta da visão,
ingressa armado da beleza, do gesto e do movimento
e da figura apropriados; pela porta da imaginação,
da mente, da razão, ingressa com os costumes e
as artes. Ora, uma vez realizada primeiramente a
invasão, em segundo lugar o contato, em terceiro o
vínculo, em quarto dar-se-á a atração. Por todos
os sentidos aquele que é atado é encontrado por
aquele que ata, e o elo perfeito se realiza quando
este migra ou cobiça migrar todo para aquele.
Trata-se então de um vínculo de atração recíproca. Há também, de fato, vínculos ingratos e
desproporcionais, dos quais trataremos ao falar

do vínculo natural, como aquele com o qual o sapo
atrai a doninha por certa força misteriosa de seu
sopro, e o galo perturba o leão com seu canto, e
a tainha faz um barco parar com seu contato, e o
energúmeno, na sua fantasia, hospeda o demônio, e
o humor melancólico e ventoso é considerado um imã
para o íncubo.

Em conclusão, o campo daquele que ata com
vínculos tem trinta direções. Elas se originam a
partir de:

1. Espécie

2. Efeito

3. Arte

4. Número

5. Escala

6. Multidão

7. Caráter

8. Faculdade

9. Coincidência dos contrários

10. Diversidade

11. Mediação

12. Favor ou concurso das circunstâncias

13. Instrumento

14. Conveniência

15. Diferença

16. Variedade de virtudes

17. Sede

18. Predisposição

19. Diversidade de predisposições

20. Condição

21. Reação

22. Distinção

23. Cegueira ou ignorância

24. Habilidade

25. Armas

26. Alternâncias

27. Olhos

28. Lisonjas

29. Escala

30. Porta

As coisas que podem ser atadas por vínculo[17] em geral

Artigo I. Espécies de coisas atáveis por vínculo.

Acerca de Deus — ou natureza universal, ou bem universal ou belo absoluto —, que é o centro do macrocosmo, quatro são as realidades em movimento, dispostas de tal modo que não podem, a menos que queiram ser aniquiladas, afastar-se de seu centro ou aboli-lo, da mesma forma que uma circunferência não pode abolir seu próprio centro. Quatro realidades, digo, que se movem em círculo ao redor do próprio vínculo que as prende, dispostas de tal modo que consistam eternamente em uma mesma ordem. São, segundo os platônicos, a mente, a alma, a natureza e a matéria; a mente, por si estável; a alma, por si móvel; a natureza, em parte estável e em parte móvel; a matéria, totalmente móvel e totalmente estável.

---

17 Nesta segunda parte do tratado, Bruno discorre sobre o *vincibile*, o "vinculável", ou seja, aquele que é suscetível de ser atado ou ligado.

Artigo II. Condição daquilo que pode ser atado por vínculo.

Nada pode ser atado por um vínculo se não está predisposto a isso da forma mais suscetível, porque aquele fulgor não se comunica a todas as coisas do mesmo modo.

Artigo III. Forma daquilo que pode ser atado por vínculo.

Todas as coisas que podem ser atadas por vínculo são, de alguma forma, sensíveis, e, na substância dessa sensibilidade, observa-se uma determinada espécie de conhecimento e determinada espécie de apetite. Não é diferente da forma como o ímã atrai ou rejeita, segundo o gênero dos objetos. Logo, aquele que quer ligar por vínculo deve, de algum modo, direcionar sua sensibilidade para aquilo que é atável; e, em verdade, o vínculo segue a sensibilidade de uma coisa, como os membros seguem o corpo.

Artigo IV. Comparação entre coisas que podem ser atadas por vínculo.

Considera como os homens formam mais vínculos do que as bestas, e como os homens bestiais e estúpidos são bem menos dados aos vínculos heroicos do que aqueles cujas almas alcançaram mais luz. No que diz respeito aos vínculos naturais, o vulgo se submete a eles mais do que o filósofo. Daí o provérbio: "os sábios dominam os astros". No que diz respeito ao vínculo de tipo intermediário, a progênie dos gulosos pode se permitir jactar-se de sua continência, e a progênie dos libidinosos, de sua sobriedade…

Artigo V. Distinção entre coisas que podem ser atadas por vínculo.

A partir disso que foi dito, pode-se considerar que a intensidade de um vínculo torna a pessoa menos passível, ou mais refratária, a ser atada por outra espécie de vínculo. Por isso o alemão é menos atraído para Vênus, e o italiano, menos para a bebedeira; o espanhol é mais inclinado ao amor, e o francês, à ira.

Artigo VI. Semente ou alimento daquilo que pode ser atado por um vínculo.

Uma coisa é suscetível de vínculo sobretudo quando tem qualquer coisa de si mesma naquilo que a prende, mesmo porque aquilo que prende impõe seu império por meio de alguma coisa de si. Por isso, os necromantes (para demonstrá-lo em um caso particular), confiam em poder exercer império sobre todo o corpo por meio das unhas e dos cabelos dos vivos, ou mesmo ainda por meio de peças do vestuário ou das marcas dos passos; evocam os espíritos dos mortos por meio de ossos ou de quaisquer partes dos cadáveres. Daí que não é por acaso que tinham o máximo cuidado nas práticas do sepultamento, introduziram-lhes as preces e contavam entre os suplícios mais cruéis deixar um corpo insepulto. Os rétores captam a benevolência com sua arte, fazendo com que os ouvintes e o juiz encontrem nele qualquer coisa de si próprios.

Artigo VII. Tempo daquilo que pode ser atado.

Conforme a variedade de tempo e de idade, uma única e mesma coisa se torna passível de ser atada por vínculo de formas variadas; e coisas diversas não estão dispostas só de um jeito para um único e

idêntico vínculo, e nem as compostas são encontradas de maneira igual a partir de um vínculo único.
Sendo assim, presta atenção nisto: aquele que,
jovem, havia sido inconstante, homem feito é mais
estável e mais prudente; velho, mais suspeitoso e
mal-humorado; decrépito, entrega-se ao despeito e
ao desgosto.

Artigo VIII. Diversidade dos seres suscetíveis ao vínculo.

Então, aquele que quer ligar por vínculo deve
prestar atenção ao fato de que certas coisas
suscetíveis de vínculo são mais guiadas pela
natureza, outras mais pela ponderação ou pela
prudência, outras ainda mais pelo hábito e pelo
costume. É assim que uma pessoa engenhosa liga e
ata indivíduos do primeiro tipo por meio de vínculos extraídos das coisas naturais; os do segundo
tipo, prende-os com raciocínios e demonstrações,
provas e argumentos; os do terceiro tipo, com coisas próximas e necessárias.

IX. Aversão a ser ligado por vínculo.
Uma vez que o espírito se liga a um só objeto tanto mais quanto mais se separe e se afaste
dos outros, então, por conseguinte, vale a pena
para aquele que quiser limitar a um único objeto
aquilo que pode ser atado deixá-lo entorpecido em
relação a outras atividades ou mais afastado da
preocupação com esses outros vínculos. De fato,
uma atividade mais gratificante exclui outra menos gratificante: o espírito que tende ao ouvido
deixa em repouso os olhos, e aquele que olha com
muita atenção se torna surdo; quando estamos muito
alegres ou muito tristes por um motivo qualquer,
não fazemos outra coisa, e, preguiçosos, ou cessa-
mos ou retardamos o trabalho; é isso que significa

estar distraído, transportado, tomado, atado. Por isso o rétor, por meio do riso ou da inveja ou de outros estados de ânimo, quebra o vínculo do amor e ata por aquele do ódio, do desprezo, da indignação.

Artigo X. Número daqueles que podem ser atados por vínculo.

Os contemplativos, afastando-se do aspecto das aparências sensíveis, são ligados às coisas divinas; os voluptuosos descem, por meio da visão, à variedade do tato; as pessoas éticas são conduzidas à alegria da vida em sociedade. Os primeiros são considerados heroicos; os segundos, naturais; os terceiros, racionais. Os primeiros estão mais acima; os segundos, mais abaixo; os terceiros, no meio do caminho. Diz-se que os primeiros são dignos do éter; os segundos, da vida; os terceiros, do pensamento. Os primeiros ascendem a Deus, os segundos se apegam ao corpo, os terceiros oscilam entre um e outro extremo.

Artigo XI. O movimento das coisas suscetíveis de vínculo.

Nas coisas compostas e variáveis, e, em geral, em todas as coisas passíveis de uma renovação em sua natureza e disposição, como é o caso da alma e do espírito, que assumem várias modificações sucessivas por meio do corpo e dos movimentos corporais (embora uma e outra substância, cada uma em sua simplicidade, seja totalmente constante e eterna, tem, em consequência da privação, um apetite; em consequência do apetite, um impulso; em consequência do impulso, um movimento; e, em consequência do movimento, uma liberação). Daí então que nenhum vínculo é eterno, mas há vicissitudes de cárcere e de liberdade, de vínculo e de liberação do vínculo, ou, mais ainda, da passagem de uma espécie de vínculo a outra. E, assim como isso é natural e antecede, acompanha e segue a condição eterna das coisas, assim também a natureza forma vínculos pela variedade e pelo movimento, e a arte, imitação da natureza, multiplica os vínculos e os varia, diversifica, ordena e dispõe, por assim dizer, em certa série sucessiva. Um estado estável é a tal ponto repugnante para as coisas que por vezes até nos lançamos mais sobre aquilo que é proibido e somos afetados por esse desejo mais vivamente. Em contrapartida, é natural aspirar a libertar-se dos vínculos, assim como um pouco antes tínhamos podido estar sujeitos a eles por certa inclinação autônoma e espontânea.

Artigo XII. Indefinição das coisas que podem ser ligadas por vínculo.

Quanto mais numerosos são os componentes daquilo que pode ser atado, tanto menos é limitado a determinados vínculos. Vem daí que a volúpia humana seja menos circunscrita, seja a um só período, seja a um só indivíduo, seja a um só sexo, do que a dos animais. Talvez todos os cavalos possam ligar-se igualmente a uma égua, mas dificilmente aconteceria o mesmo entre todos os homens e uma mulher. Esses graus e essa indefinição diferenciam o homem do animal, assim como o homem verdadeiro do homem brutal, o mais sensível, que é também mais sujeito às emoções, do mais estúpido. E isso que se diz com respeito a um gênero de vínculo deve ser entendido com relação a todos os gêneros e espécies de vínculo.

Artigo XIII. O fundamento da possibilidade de formar vínculos.

A primeira razão pela qual toda e qualquer coisa pode ser ligada por um vínculo advém, em parte, do fato de que há nela o apetite de conservar para si sua situação presente, e, em parte, do fato de que há nela o apetite de se realizar completamente, segundo ela mesma e nela mesma. Nisso consiste a *filautia* ou amor de si, em geral. Logo, se alguém pudesse extinguir a *filautia* em um sujeito, torná-lo-ia particularmente poderoso para atar e desatar, não importaria como. Por outro lado, quando a *filautia* está presente, todas as coisas se encadeiam mais facilmente, em virtude dos gêneros de vínculos que lhes são naturais.

Artigo XIV. A relação das coisas que são passíveis de vínculo.

Contempla, nos seres vivos, a amizade e a inimizade, a simpatia e a antipatia, a afinidade e a disparidade e suas circunstâncias; depois relaciona, segundo certa ordem e analogia, cada um dos traços particulares e individuais que há no interior da espécie humana, primeiro a cada espécie de outros seres vivos separadamente, depois às espécies de todas as outras coisas, para que te dês conta do quanto e de como a diversidade dos vínculos é necessária.

Artigo XV. Diversidade da matéria das coisas que podem ser ligadas por vínculo.

Embora tudo aquilo que se pode ligar seja de alguma forma composto, todavia se diz que um é simples, e que o outro é um múltiplo ou um conjunto, ou que um é mais simples, o outro mais misturado. É por isso que algumas coisas se ligam de forma pura, e outras, impura, e alguns vínculos são

46   OS VÍNCULOS

puros, e outros, impuros; como os prazeres e as
dores, que são puros alguns, outros, impuros e
mistos. Assim, Epicuro julga impuro o prazer de
Vênus, no sentido de que é acompanhado de dor e
de um desejo inextinguível (aquele pelo qual todo
o corpo luta em vão para se transferir a outro
corpo), e o segue depois uma triste lassidão.
Mas, se existirem seres nos quais os princípios
não se ausentam jamais, como talvez os astros ou
as grandes criaturas animadas do mundo, os numes, nos quais não existe o cansaço e nos quais o
efluxo e o influxo de substância é igual e sempre
o mesmo, então eles estão atados a si mesmos e em
si mesmos, da forma mais feliz possível.

Por conseguinte, é necessário que aquele que
deseja formar um vínculo na vida civil examine
cuidadosamente a diversidade das composições ou
combinações e delibere, defina e decida de um modo
quando se tratar de feitos heroicos, de outro modo
quando de coisas cotidianas, de outro ainda quando
de impulsos mais grosseiros.

Artigo XVI. Graus das coisas que podem ser
ligadas por vínculo.

Quanto às paixões naturais, os meninos são menos
sujeitos a ser atados por elas, pela razão de
que, neles, toda a sua natureza está incumbida
no processo de crescimento e se vê impelida por
essa alteração maior, e toda a nutrição é voltada
para o crescimento e a constituição do indivíduo.
Mas, por volta dos catorze anos, começam a ser
suscetíveis aos vínculos. Mesmo que esta idade
seja ainda voltada para o crescimento, este não
é mais tão veloz e exigente como nos meninos pequenos. Quando chegam a homens feitos, na idade
adulta, têm maior força seminal e genital, e, por
isso, parece que são mais suscetíveis a vínculos.

E mais ainda: por isso, parece que os jovens e os adolescentes são mais ávidos, tanto porque a novidade daquele tipo de prazer os torna mais ardentes, quanto porque os canais pelos quais o sêmen passa são neles mais estreitos, e então o líquido escorre ao vencer uma resistência mais deliciosa. Dá-se assim que se deleitem e relaxem mais pelo prurido venéreo que nasce de tal conflito. Mas, nos mais velhos, nos quais as energias estão semimortas, e exaustos os órgãos e os canais, e o sêmen não é mais tão abundante, os vínculos são mais difíceis. O mesmo se dá proporcionalmente com relação a todas as outras paixões que conhecem certa analogia, oposição ou consequência com Vênus.

Artigo XVII. Os temperamentos daqueles que podem ser atados por vínculos.

Como resultado de seu temperamento, os melancólicos são mais passíveis de ser atados à indignação, à tristeza, à voluptuosidade e ao amor; pois, sendo de fato mais impressionáveis, fazem uma imagem mais intensa da volúpia. Pela mesma razão, são também mais dados à contemplação e à especulação; e, em geral, são mais arrastados e agitados pelas paixões mais veementes. Então, naquilo que diz respeito a Vênus, têm como finalidade mais o próprio prazer que a propagação da espécie. Afins a eles são os coléricos, em comparação aos quais os sanguíneos são menos excitáveis. Com relação aos demais, os fleumáticos são menos libidinosos, mas são mais gulosos. Fica estabelecido, porém, que cada um faz a sua parte em obediência à natureza; pois os melancólicos são atados por sua imaginação mais poderosa; os sanguíneos, pela maior facilidade de emissão de esperma e pelo calor de seu temperamento; os fleumáticos, pela

48 OS VÍNCULOS

maior abundância humoral; os coléricos, por uma tentação ou estímulo mais intenso e agudo de seu espírito quente.

Artigo XVIII. Sinais daqueles que podem ser atados.

Também a fisiognomonia tem seu lugar nesta consideração. Aqueles que têm pernas finas e musculosas, aqueles que parecem bodes e lembram sátiros, porque têm nariz côncavo e redondo e seus rostos são arfantes e tristes, estes amam com mais intensidade e se lançam mais em perseguição de toda espécie de prazeres venéreos. Mas são também facilmente aplacáveis, e suas paixões não são duradouras.

Artigo XIX. Duração daquilo que pode ser atado por vínculo.

Os velhos são mais endurecidos com relação aos vínculos, então estes lhes são menos apropriados; são mais apropriados aos jovens, mas estes são mais instáveis. São aqueles de meia idade que se deixam atar de forma apropriada, estável e com arte.

Artigo XX. A reação das coisas que se podem ligar por vínculo.

Troças recíprocas geram vínculos recíprocos. Há vínculos nas zombarias, nas histrionices, nas facécias; por seu intermédio, alguém desagradável e disforme pode às vezes atar, com esse artifício, aqueles que são afeitos a esse tipo de coisa. Acrescenta um fato (que sabemos por experiência própria…) a propósito daquilo que fantasiam sobre as dimensões e a lubricidade do membro: pois, tendo excitado a imaginação, lançam como que uma fascinação[18] sobre o menino ou a menina. Daí os versos:

Me pulchra fateor carere forma;
Porro me mauult, quam Deus priores,
Si qua non fatui est puella fundi.[19]

Na mesma proporção, há vínculos pelos quais os simplórios formam vínculos a partir daquilo que fantasiam sobre sua coragem, valor e também sobre sua eloquência, habilidade e outras qualidades desse tipo; de tal forma que, a partir de um gênero de virtude, podem atar por meio de outro gênero de afecção. Não é rara a experiência de que até as viragos mais feias formam vínculos perante Vênus pela fama de suas qualidades ou com o exercício de sua eloquência.

Artigo XXI. A heterogeneidade das coisas que podem ser ligadas.

Acrescenta que talvez tenha uma espécie que se encontre atada por uma espécie diferente, por meio

---

18   *Fascinatio*, ou "encantamento"; em latim, faz um jogo de palavras com *fascinum*, "pênis".

19   Versos extraídos do fragmento 39 da *Priapeia*, conjunto de poemas obscenos que têm como figura principal o deus fálico Priapo. Diz o poema, citado aqui com a tradução de João Angelo Oliva Neto: "Pela beleza agrada ver Mercúrio,/ Pela beleza Apolo é admirável,/ Belo também Lieu é figurado./ Mais belo do que todos é Cupido./ Quanto a mim, sei, não tenho lindas formas,/ Porém meu pau é esplêndido e qualquer/ Menina vai querê-lo mais que àqueles/ Deuses, se não for tola de boceta". [*Forma Mercurius potest placere,/ Forma conspiciendus est Apollo,/ Formosus quoque pingitur Lycaeus,/ Formosissimus omnium est Cupido./ Me pulchra fateor carere forma,/ Verum mentula luculenta nostra est:/ Hanc mauult sibi quam deos priores,/ Si qua est non fatui puella cunni.*] *Falo no jardim. Priapeia Grega, Priapeia Latina*. São Paulo: Ateliê / Editora Unicamp, 2006, p. 227.

50   OS VÍNCULOS

do amor, do ódio, da admiração, da piedade, da compaixão e de outros sentimentos do gênero: são célebres os casos de Lésbia ligada por vínculo a seu pássaro,[20] Corina a sua cadelinha,[21] Ciparisso a um cervo[22] ou o golfinho a Árion.[23] Em suma, em todas as espécies há sementes de atração por todas as outras. Nem falo da simpatia entre um homem e um leão,[24] e deixo de lado aquilo que sei da surpreendente familiaridade entre uma serpente e um menino.[25]

---

20 Cf. o poema II dos *Carmina* de Catulo, em que Lésbia brinca com seu pássaro.

21 Em *Amores* II, VI, Ovídio compõe uma elegia para a cadelinha de Corina.

22 Ciparisso, descendente de Héracles, era um caçador a quem Apolo deu um cervo. Nas *Metamorfoses*, X, vv. 130–142, Ovídio apresenta o jovem chorando por ter provocado acidentalmente a morte do animal. Por ter pedido para chorar para sempre, Ciparisso foi transformado no Cipreste, cuja seiva se assemelha a lágrimas.

23 De acordo com a lenda, Árion viajava de navio com os ricos prêmios que havia recebido em uma competição musical, quando os marinheiros resolveram matá-lo para se apoderar de seus bens. Árion pediu para cantar uma última vez e seu canto atraiu golfinhos, que cercaram a embarcação. Assim, quando o cantor foi atirado ao mar, um golfinho o amparou e transportou a salvo até Tainaron. Esse mito é narrado por Ovídio nos *Fastos* II, vv. 79–118.

24 Provavelmente refere-se ao episódio da vida de Jerônimo, segundo o qual um leão ferido se aproximou de seu monastério em Jerusalém. Todos os outros monges fugiram, mas Jerônimo se aproximou do leão e lhe curou a pata, que se encontrava perfurada por espinhos. Depois disso, o leão passou a seguir o santo como um animal doméstico.

25 Possível referência a Esculápio, filho de Apolo segundo algumas versões.

Artigo XXII. A mudança das coisas que são suscetíveis a vínculos.

Não é difícil mudar a suscetibilidade a uma espécie de vínculo para outra, contrária, da mesma forma como de resto é mutável também aquilo que ata; e não faz diferença se isso ocorre segundo a realidade ou segundo a opinião. Assim, outrora eu me sentia ligado a certa opinião por convicção, mas em seguida, tendo aquela opinião sido dissipada por uma luz maior, os vínculos do desprezo e do desdém a sucederam. Os elos que provêm da juventude ardente e da beleza se soltam e se rompem com o tempo, quando não os reforçam os elos do caráter e da inteligência.

Artigo XXIII. Causa e objeto da suscetibilidade ao vínculo.

Aquilo que nos ata ao amor e ao ódio ou ao despeito está oculto para além do alcance da razão. Por isso, é fútil a fábula de Adrasteia,[26] que pretende que a razão de um amor que nasce ao avistar um belo objeto seja certa recordação, na alma, da beleza divina, que seria percebida antes de ser recebida na intimidade do corpo. Se isso fosse verdade, que seria aquilo que, de repente, muda para o ódio sua disposição para com um objeto que não mudou em nada segundo a espécie? E por que espíritos diferentes são mais capturados por objetos diferentes? Porque aquilo que para um é sumamente belo chega a ser feio para o gosto não menos cultivado de outro? Logo, a condição

---

26 Adrasteia, a "Inevitável", antiga deusa relativa à distribuição da justiça que, na mitologia grega, está associada à ninfa que cuidou de Zeus quando este era criança. Na Adrasteia da tradição platônica, ela parece representar uma espécie de "retribuição cósmica".

das coisas suscetíveis ao vínculo não se mostrará levianamente nem se abrirá a uma observação
medíocre.

Artigo XXIV. Definição das coisas que podem
ser ligadas por vínculo.

Ao acaso, à fortuna e a qualquer coisa de indefinida Teócrito relacionou o amor e outros sentimentos pelos quais seres distintos são ligados; mas
teria pensado com mais rigor se tivesse considerado e definido como "oculto e determinado" aquilo
a que chamou "indefinido" porque não era claro
para ele; os sentimentos, certamente, originam-se
de uma razão bem determinada para a união, a qual
ou foi concedida pela natureza ou introduzida pelo
hábito e pelo costume.

Artigo XXV. Sentido das coisas suscetíveis a
vínculos.

Os gregos não atribuíam à razão ou a uma espécie
de conhecimento, mas à fortuna, o fato de que
alguém fosse atado pelo vínculo do amor ou do
ódio ou de outros sentimentos; por isso rendiam
culto ao Amor e à Fortuna sobre o mesmo altar. A
este parecer aderem alguns platônicos, os quais
sustentam que os seres vivos privados de palavra
nem sempre se sujeitam ao vínculo do amor, porque
carecem de razão e de prudência. Mas estes tais
têm opiniões demasiado crassas sobre a natureza
do conhecimento e do intelecto que preenche todas
as coisas com o espírito do universo e recebe seu
brilho de todas as coisas, proporcionalmente ao
objeto. Para nós, em verdade, o amor, bem como
qualquer outro sentimento, é um conhecimento muito
prático; e mais, o são também o discurso, o ra-
ciocínio e a argumentação pelos quais os homens,
sobretudo, se deixam vincular, e que não se contam

de maneira nenhuma entre as formas primárias de conhecimento. Em conclusão: que aquele que quer ter um vínculo creia que a razão não tem um papel nem maior nem mais importante para fazer o elo; tem-no, entretanto, o conhecimento segundo o gênero.

Artigo XXVI. A fuga daquilo que pode ser ligado por vínculo.

Há quem se ligue por vezes a muitos gêneros de vínculos, para fugir de um único gênero de vínculo. A isto é que aquele que queira formar um vínculo deve atentar bem, a fim de pôr em prática os meios aos quais o destinatário dos vínculos seja suscetível, isto é, favorecendo os vínculos dos quais aquele já é prisioneiro. Foi assim que uma ninfa converteu para Vênus um caçador, afastado do amor pelo interesse e pela ocupação com as feras, atraindo-o com dons que lhe eram próprios, isto é, com um corno ao som do qual se imobilizavam as feras em fuga. Também um soldado teria sido afastado de outros afetos pela força e pelo encantamento que as armas exerciam sobre ele. Por conseguinte, ao vínculo de Vênus podem também atar a caça, o jejum, a ebriedade, os exercícios de ginástica e, em geral, as ocupações e os ócios mais variados, assim como vários tipos de abstinência e de luxo etc. E, assim como neste tipo de vínculos, também nos demais é preciso avaliar caso a caso a seu modo.

Artigo XXVII. A substância daquilo que pode ser atado por vínculo.

Duas são as causas da suscetibilidade ao vínculo, e são a mesma quanto à essência daquilo que é passível de vínculo, enquanto é passível de vínculo: conhecimento apropriado ao gênero e apetite apropriado ao gênero. Imagina algo que não tenha nenhum apetite, e imaginarás uma coisa que não poderá ser atada espiritualmente por nenhum vínculo. Acrescenta que, sem conhecimento e paixão, não há nada que se possa ligar, nem com os vínculos da vida civil, nem com vínculos mágicos. Não falo de outros tipos de vínculo porque, para aqueles que têm a vista curta, e que são a maioria, darei a impressão de falar de coisas inconvenientes.

Artigo XXVIII. A perfeição daquilo que pode ser ligado por vínculo.

Está perfeitamente atado por um vínculo aquilo que foi encadeado por todas as suas faculdades e todas as suas partes. Logo, o número destas deve ser explorado a fundo por aquele que deseja o vínculo, a fim de que possa enredar aquilo que quer atar com mais vínculos, e mais, com todos os vínculos, até a perfeição. Para ele não deve haver dúvidas nem pontos obscuros sobre os alimentos e sobre as lisonjas da alma e do espírito: diferentes, segundo suas potências diferentes.

Artigo XXIX. A reciprocidade daquilo que pode ser atado por vínculo.

Não é possível atar alguém a si por um vínculo, se aquele que forma o laço não está ele mesmo atado também. Os elos aderem àquele que está atado, penetram-no. É fato que aquele que ata não está ligado senão por acidente àquele que pode ser atado por um outro; mas aquele que ata não pode formar um vínculo com aquele que é suscetível a ser atado a menos que esteja atado também. Porém, aquele que ata tem sobre aquele que é atado esta vantagem: que ele é senhor dos vínculos, e que às vezes não os sofre nem é tocado de igual modo. É

comparável a esta doutrina o fato de que o alco-
viteiro liga e não é ligado, enquanto que a amada
não se liga ao amado no ato do amor, a menos que o
amado também se ligue a ela no mesmo ato. Mas às
vezes é misteriosa a razão do vínculo espiritual
em virtude do qual a amada se vincula a um amante
que às vezes não conhece, nem sequer ama. É pelo
efeito de uma ligação da mesma ordem e da mesma
espécie que Eros, sem Anteros,[27] queixa-se e de-
plora seu infortúnio. Mas, na vida em sociedade,
ninguém se liga se não está ligado àquilo ou ao
menos com aquilo que deseja atar com um vínculo,
por vínculo do mesmo gênero, ou próximo. Dessa
forma (para falar mais claramente), um rétor sem
paixão não move as paixões.

Artigo XXX. A verdade daquilo que pode ser
atado por vínculo.

Aquele que é suscetível de vínculo, para ser verdadeiramente atado, não requer tanto vínculos
verdadeiros, isto é, aqueles que são assim em seus
fundamentos, quanto os aparentes, isto é, aqueles
advindos da convicção; de fato, a imaginação sem
verdade pode formar vínculos verdadeiramente, e,
por meio da imaginação, ligar verdadeiramente
aquilo que é suscetível de vínculo. Ainda que não
exista o inferno, a opinião e a imaginação sobre
o inferno, sem fundamento de verdade, produz verdadeiramente um inferno verdadeiro: a aparência
fantástica tem sua verdade, com a consequência
de que esta age verdadeiramente, e, verdadeiramente e da forma mais poderosa possível, aquilo
que é suscetível de vínculo está ligado por ela;

---

27 Eros e Anteros, os dois filhos de Vênus com seu amante
    Marte. Quando reunido ao irmão, Eros, o Amor, cresce;
    quando separado dele, volta a ser criança.

e que a tortura do inferno é tão eterna quanto a eternidade desta convicção de fé; a tal ponto que o espírito, desnudado do corpo, conserva todavia a mesma aparência e, não obstante tudo, persevera infeliz durante séculos, e às vezes com mais força ainda, quer por causa de desconhecimento ou de condescendência ou de uma fantasia impregnada. Que o vulgo daqueles que filosofam não o compreendam e reprovem da forma mais tola possível esta doutrina como ignorantíssima, isso não nos importa nada. Nós éramos meninos e inexperientes quando dominávamos estas doutrinas, mais do que agora podem dominá-las estes, experientes e velhos. Mas nós os perdoamos por serem velhos neste sentimento, não menos do que deveriam perdoar as nossas crenças de quando éramos meninos.

O vínculo do Cupido e, de certa forma, o vínculo em geral

Em nossas reflexões *Sobre a magia natural*,[28] tratamos da forma como todos os vínculos se relacionam ao vínculo do amor, ou dependem do vínculo do amor, ou mesmo consistem do vínculo do amor. De fato, ficará claro para aquele que percorrer as trinta espécies de elos que o amor se revelará facilmente o fundamento de todas as paixões. Pois aquele que não ama nada não tem por que temer, esperar, vangloriar-se, ensoberbecer-se, ousar, desprezar, acusar, desculpar, humilhar-se, invejar, enfurecer-se e ser perturbado por outras afecções desse tipo. Por conseguinte, a ampla matéria que se encontra sob o título que lhe atribuímos de Vínculo do Cupido abre um vasto campo para a reflexão ou especulação; e não se deve pensar que esta contemplação seja demasiado afastada da instituição civil, uma vez que ela é prodigiosamente mais ampla do que a instituição civil.

---

28 Bruno escreveu um tratado *Sobre a magia* (*De magia*), e um opúsculo, *As teses da magia* (*Theses de magia*).

Artigo I. Definição de vínculo.

Entre os pitagóricos e os platônicos, o vínculo de beleza é definido como fulgor, raio e ação, ou ao menos sua sombra ou seu simulacro ou seu vestígio; difundido em primeiro lugar à mente, que ela adorna com a ordem das coisas; em segundo lugar, à alma, que ela preenche com a sequência das coisas; em terceiro lugar, à natureza, que ela diferencia e sustenta com suas sementes; em quarto lugar, à matéria, que ela adorna com suas formas. Este raio, dizem, é mais luminoso na mente, luminoso na alma, obscuro na natureza, mais obscuro no substrato das coisas naturais. Isso não está na massa e não consiste de massa, ainda que gire em torno da massa e da grandeza em geral, uma vez que não apenas as coisas grandes parecem belas, mas também as pequenas; no interior de uma mesma espécie, aliás, os exemplares grandes são deformados e os pequenos são belos, ou vice-versa; e é frequente que, mesmo que a massa permaneça a mesma, a beleza lhe seja removida por um acaso qualquer, ou, por outro lado, que a beleza permaneça, mudando aquela. Um menino, jovenzinho muito gracioso, agrada, mas não forma um elo a não ser quando se torna adolescente, a partir de uma determinada idade. Logo, a massa tem alguma importância, e isso é verdade até quando a forma, a figura ou a compleição de uma coisa não variam de maneira nenhuma. Aplica isso aos vínculos de espécie civil, por intermédio dos meios de quantidade nos quais consiste a forma e a eficácia do vínculo: relaciona-os, digo, ao gesto, às palavras, às roupas, aos hábitos, ao riso e a outros sinais de afecções.

Artigo II. Origens do vínculo.

Alguns dos platônicos afirmam que o vínculo provém de uma determinada proporção dos membros, aliada a certa suavidade de suas cores. Mas aqueles que estiverem atentos a mais aspectos atentarão ao menos para isto: não apenas as coisas compostas e as que consistem em uma variedade de partes são capazes de formar vínculos, mas, por vezes, a cor pura, a voz pura; da mesma forma, nada passa e envelhece mais rapidamente do que a beleza, mas nada se altera mais tardiamente do que a figura e a forma que, pela composição dos membros, brilha no exterior. Em conclusão: parece que o vínculo de beleza deve ser procurado em outro lugar, mais do que na figura e na proporção dos membros, tanto mais que, enquanto a mesma beleza e figura permanecem, por vezes, depois de extrair prazer da coisa amada, o amor passa… Então, a explicação do vínculo consiste principalmente em certa disposição mútua entre o raptor e o raptado. Às vezes, de fato, em nível racional não há nada com que se possa criticar a beleza de uma moça, e nada, em termos de conversações civis, a culpar na fala, no comportamento, no agir em geral de um homem; mas não nos agradam. Em contrapartida, ainda que uma ou muitas coisas nos desagradem em um ser, ainda assim ele, apesar de tudo, nos agradará. Ainda mais estúpido é aquilo que estes alegam sobre o vínculo da cor, pois não fazem distinção entre cor e entre aquilo que faz o contorno da cor: como, pois, a cor forma um vínculo por conta própria, sendo que, em um velho, uma cor mais clara parece desagradável e desprezível, mas, em um jovem, uma cor mais pálida pode atrair e capturar? Assim, na vida civil, um discurso consular e grave, proferido por um adolescente, por mais que brilhe por sua arte, incita aqueles mais maduros em seus

julgamentos à indignação, pela impressão de arro-
gância que causam; em contrapartida, um falar gracioso, brando e floreado gera desprezo quando sai
da boca de um velho, e suscita por vezes o riso e
fornece matéria à irrisão. Assim como no cuidado
com o corpo, com as palavras ou com a conduta, uma
coisa convém à mulher feita, outra à jovenzinha,
outra à menina, outra ao menino, outra ao homem
maduro e outra ao velho, da mesma forma como outra
ainda ao soldado e outra ao magistrado.

Artigo III. Indefinição do vínculo.

Formar um elo e dissolvê-lo não é tão difícil
(creio) quanto descobrir um vínculo nas situações
(digo) em que os vínculos se relacionam mais ao
acaso que à natureza e à arte. Por exemplo: um
vínculo que parte do corpo, mas não ocupa uma
parte definida no corpo; há os olhos, as maçãs
do rosto e a boca, pelas quais o amante sente que
está atado, mas se estes atributos estivessem presentes em mesmo número, mas em pessoas diferentes,
longe de atar da mesma maneira, até dissolveriam
e impediriam os vínculos de Cupido. E que dizer
do fato de que nós por vezes nos consumimos de desejo por causa da aparência de um corpo e depois,
tendo conhecido os modos ou a maneira de falar
da pessoa, os vínculos do Cupido desapareceram?
Considerarás desta forma, mantidas as proporções,
sobre os elos civis.

Artigo IV. A composição do vínculo.

Vínculo de um cupido inferior é aquele pelo qual
somos atados por coisas compostas e justapostas,
mas não somos em nada capturados pelas simples e
absolutas. E há até mesmo quem quase as despreze;
pessoas assim pensam que Deus não tem beleza em
si, porque, como Ele é uma natureza simples, não

brilha na ordenação de uma composição. Está estabelecido por artigo de fé que Ele é o Autor e o Aperfeiçoador de toda beleza e de todo vínculo. Mas, por causa de sua debilidade de inteligência, não distinguem entre aquilo que é belo simplesmente e aquilo que é belo em relação a nós, assim como, na vida civil, não tem bom senso aquele que não distingue entre aquilo que é belo para todos os homens segundo a razão, e aquilo que é belo para estes homens segundo o costume, o uso e a ocasião; este deseja formar vínculos não importa como!

Artigo V. Número dos vínculos.

Os vínculos são, de modo confuso ou consistente, a forma do corpo, o porte do corpo, o movimento do corpo; a consonância entre vozes e discurso; a coerência dos comportamentos e a fortuna e o cruzar casual das simpatias que formam elos não só dos homens com os homens, mas também dos animais com os animais, e também dos animais com os homens. Aponta para isso o fato de que, por caracter natural, o menino que vê uma serpente, o cordeiro que vê um lobo, sem nenhuma experiência ou noção prévia, é tomado por um terror mortal; mas, se vê um boi ou uma ovelha, se alegra e se diverte em sua companhia. E há diferentes aromas pelos quais homens e espíritos diferentes são arrebatados. Conheci pessoas que, espantosamente, tinham horror ao odor do musgo e outras substâncias geralmente agradáveis, ao ponto de cair, por perturbação do espírito; e, entre outros, conheci também um que encontrava deleite extraordinário em levar às narinas percevejos esfregados entre os dedos. E assim, seres vários são atados por coisas várias, e não só os opostos aos opostos, mas também os diferentes formam vínculo entre

62 OS VÍNCULOS

eles. E, no plano da vida civil, um alemão não
mostrará o mesmo gosto pelo discurso, o mesmo cuidado do corpo e a mesma harmonia das maneiras que
um italiano, ou mesmo que este ou aquele alemão;
e pode acontecer que um italiano se destaque do
geral por ter um caráter alemão, e um alemão,
caráter italiano. Aqui está a dificuldade e se
requer prudência maior para formar vínculos no
plano das relações civis, especialmente quando
os laços são atirados não sobre a multidão, mas
sobre um indivíduo; com efeito, é mais fácil atar
a muitos do que a um só, e um só tiro do caçador
em direção a um grupo de pássaros, mesmo ao acaso,
poderá talvez traspassar mais pássaros do que se
ele mirar um só pássaro entre muitos, mesmo com
mira mais acurada.

Artigo VI. As portas dos vínculos.

As entradas pelas quais se lançam os laços são
os sentidos. De todos, a visão é a principal
e a mais nobre; mas os outros podem ser mais
apropriados em relação à variedade dos objetos
e a sua potencialidade; assim, o tato é conquis-
tado pela tenra suavidade da carne; a audição,
pela harmonia da voz; o olfato, pela suavidade do
hálito; o espírito, pela elegância das maneiras; o
intelecto, pela clareza das demonstrações. Vínculos diferentes ingressam por janelas diferentes, e
uns têm mais poder sobre uma pessoa e outros, sobre outra pessoa. Uma pessoa se deleita mais com
alguns vínculos; outra, com outros; de fato, um
vínculo não provém igualmente de todas as coisas
nem se aplica a todas igualmente.

Artigo VII. Os gêneros dos vínculos.

Entendemos que existem tantos gêneros e variedades
de vínculos quanto existem gêneros e variedades

do belo. E estas variedades parecem ser não menos numerosas do que aquelas das coisas significativas, evidentemente segundo a espécie. Acrescenta ainda que, no interior de cada espécie, coisas particulares diferentes são atadas de forma diferente e por diferentes vínculos. O faminto está ligado ao alimento; o sedento, à bebida; aquele que está cheio de sêmen, a Vênus; este, a uma espécie sensível; aquele, a uma inteligível; um, ao natural; outro, ao artificial; o matemático é atado pelas coisas abstratas; o prático, pelas concretas; o eremita que se masturba, por uma beleza ausente; o homem mundano, por uma beleza presente. Mas seres diferentes, segundo cada gênero, são atados por vínculos diferentes; e mais: os mesmos vínculos não trazem consigo a mesma virtude de toda parte de onde procedem. Pois a música de um jovem ou de um adolescente tem o poder de atar, mas a de uma moça ou a de um homem, nem tanto. Em um homem que deve impor respeito, a robustez tem o poder de atar; mas, em uma mulher, não… Uma menina atrai com simplicidade e pudor, mas, se um adulto tiver essas características, dissolve os vínculos e se torna mais e mais desagradável.

Artigo VIII. A medida dos vínculos.

No plano da vida civil, os rétores, os cortesãos e aqueles que têm algum treino são capazes de estabelecer vínculos com mais eficácia quando operam com certa esquiva dissimulação de seu artifício; pois certamente não agradará aquele que tem uma eloquência demasiadamente ornada e um saber excessivamente minucioso; desagradam ainda roupas colocadas com demasiado método e demasiada geometria, os cabelos frisados e os olhos e os gestos e os movimentos regulados por uma norma exata; como alguém que agir assim poderá não desagradar?

O mesmo é válido para um discurso público que todos julgassem afetado e demasiadamente elaborado. Pois este deve ser relacionado mais à preguiça e à escassez de engenho e de inteligência; de fato, uma não pequena parte da arte é usar a arte dissimulando-a. Logo, não é elegante o sábio que, em toda ocasião e sobre todos os assuntos, exibe sua elegância, assim como porta anéis de forma deselegante aquele que tem todos os dedos cobertos de anéis e de pedras preciosas, e não usa joias com bom gosto aquele que se exibe carregado de uma variedade e multidão de joias de todo tipo. A isto aponta a consideração de que o fulgor da luz extingue o fulgor da luz, e a luz não ilumina, refulge, brilha, agrada, a não ser nas trevas. O ornamento tampouco é nada, se não está de acordo com aquilo que, informe ainda, deve ser ornado. E assim a arte não é separada da natureza, e o refinamento não se afasta da simplicidade.

Artigo IX. Descrição do vínculo.

Para Platão, o vínculo é a beleza ou o acordo das formas, segundo o gênero; para Sócrates, a excelente elegância do espírito; para Timeu, uma tirania da alma; para Plotino, um privilégio da natureza; para Teofrasto, um engano silencioso; para Salomão, "fogo escondido, águas furtivas"; para Teócrito, marfim perdido; para Carnéade, um reino angustiado; para mim, tristeza alegre, alegria triste. E, pelas razões que aduzimos no prefácio a esta parte, as outras descrições dos sentimentos e as outras espécies de vínculos apresentam analogias com o presente sentimento e com o presente vínculo.

Artigo X. Distribuição dos vínculos.

À ação perfeita estão ligadas coisas perfeitas; a uma ação nobre, coisas nobres ou enobrecidas; mas à ação imperfeita e defeituosa estão ligadas aquelas nas quais há alguma imperfeição e defeito. É por isso que se disse que, naquele que é suscetível de ser atado por vínculo, deve haver qualquer coisa daquele que deseja atá-lo. Uma moça totalmente casta, na qual não haja nenhuma semente de estímulo, não pode ser induzida ao vínculo por nenhum artifício ou estrela, se não for tocada, se não for acariciada, sem uma participação sua (digo) para com as mãos daquele que deseja enredá-la, e sem que passe a ela alguma coisa da mão daquele que deseja atá-la. Não falarei da menina ainda imatura: em todas as ações se requer certa semente da ação, e nem todas as sementes proliferam em toda parte. Quem não tentará em vão enredar um doente, um velho, um impotente, um castrado? E aquele que é o oposto disso, quem, em contrapartida, não o enlaçará? É fácil a avaliação proporcional, nos vínculos da vida civil.

Artigo XI. Os graus dos vínculos.

No universo, as coisas são ordenadas de tal modo que estejam em certa relação recíproca, tal qual num certo fluxo contínuo, como se pudesse se dar uma progressão de todas as coisas a todas as coisas. Algumas delas, contudo, estão em coesão imediata com outras, como, por exemplo, os indivíduos de uma mesma espécie, em vista da propagação natural, e, entre estas, os vínculos são familiares, próximos e facílimos. Mas outras coisas se subordinam por certas intermediações e, para elas, é necessário atravessar e penetrar, em certo sentido, todas essas intermediações, a fim de que, a partir daquele que ata, os vínculos

66 OS VÍNCULOS

alcancem aquele que é suscetível de ser atado. E assim os numes, pela generosa distribuição das coisas e pelo favor de certos intermediários compatíveis, ligam a si enfim coisas inferiores e ínfimas, influenciando-as. E, numa espécie de correspondência natural ou racional, as coisas inferiores se elevam por sua vez, como num ato de homenagem, a fim de ligar a si, com o devido consentimento, as coisas superiores e colocadas acima delas. E, assim como são várias as espécies de coisas e suas diferenças, assim também vários são os seus tempos, lugares, meios, caminhos, órgãos e funções. E é facílimo observar isso em todo tipo de vínculo e de seres que são suscetíveis ao vínculo e generalizar.

Artigo XII. A grandeza do vínculo.

Em todas as coisas reside certa força divina: o amor, ele próprio o pai, a fonte, a Anfitrite[29] dos vínculos. Não por acaso, portanto, Orfeu e Mercúrio o chamam o grande Dáimon,[30] porque, em realidade, toda a substância das coisas e sua constituição e (por assim dizer) sua hipóstase é uma espécie de vínculo. Por conseguinte, nós alcançaremos a mais alta doutrina do vínculo e seu princípio quando voltarmos os olhos para a ordem do universo. Por meio deste vínculo, as coisas superiores mantêm as inferiores, as inferiores se transformam em superiores, as iguais se associam reciprocamente e há, afinal, a perfeição do universo, segundo a razão da sua forma.

---

29 Anfitrite, deusa do mar, esposa de Netuno.

30 Afirmação sem dúvida inspirada em doutrinas órficas. O nome grego de Mercúrio, Hermes, remete ao Hermes Trismegisto do *Corpus Hermeticum*.

Artigo XIII. O principal efeito do vínculo.

Um único amor, e um vínculo único, torna todas as coisas uma só; mas tem feições diversas nas coisas diversas, de forma que o mesmo vínculo liga de maneira diferente as coisas que são diferentes. É por isso que se diz do Cupido que ele é superior e inferior, novíssimo e antiquíssimo, cego e aquele que enxerga melhor; ele, que, de um lado, faz que todas as coisas, segundo suas próprias forças, permaneçam em si mesmas, e não se afastem de si, para a perpetuação de sua espécie. Mas, para a alternância de indivíduos, faz, sim, com que as realidades singulares num certo sentido se afastem de si, visto que todo amante deseja ardentemente transferir-se para o objeto amado; e que, por si mesmas também, elas se dissolvam, se abram, se ofereçam, visto que todo amante deseja apaixonadamente acolher em si o amado e absorvê-lo. Assim, o vínculo é aquilo pelo qual as coisas querem estar onde estão e não perder aquilo que têm, enquanto também querem estar em toda parte e ter aquilo que não têm. E isso vem de certa complacência para com aquilo que já possuem, e de um desejo e apetite para com o que é distante e pelo que poderiam possuir, e de um amor para com todas as coisas — porque por um bem particular e finito, e verdadeiro, não se satisfaz um apetite ou intelecto particulares, que olham para seus objetos mirando o bem universal e o verdadeiro universal. Deriva disso que, por um mesmo vínculo, uma potência finita numa matéria definida experimente ao mesmo tempo a concentração e a dispersão, a contenção e a dissipação. Tu observarás esta condição do vínculo segundo o gênero nos vínculos segundo cada uma de suas espécies.

68   OS VÍNCULOS

Artigo XIV. A qualidade do vínculo.

Um vínculo não é nem belo nem bom; é, de fato, o meio pelo qual todas as coisas, e cada uma individualmente, perseguem o belo e o bom. Ele conecta aquilo que recebe com aquilo que é recebido, aquilo que dá com aquilo que é dado, aquilo que está suscetível ao vínculo com aquele que deseja atar com vínculos, aquilo que é desejável com aquilo que deseja. Mas aquilo que deseja o belo e o bom, na medida em que o deseja, dele carece; por isso, nessa medida, não é nem belo nem bom. Daí que um dos peripatéticos tenha concluído erroneamente que a matéria é feia e má, porque, desejando o bom e o belo, testemunha que deles carece. Aristóteles, mais cautelosamente, a definiu "como algo de feio", "como algo de mau",[31] mas não simplesmente como tal; mas, na verdade dos fatos, não é nem belo nem feio, nem bom nem mau aquilo que, como a matéria, tende e é levado igualmente para a bondade e para a malícia, para a fealdade e para a beleza. Se a matéria fosse o mal, desejar o bem seria contrário à sua natureza; e o mesmo se por natureza fosse feia. Mas aqueles que filosofam com mais profundidade entendem bem aquilo que nós esclarecemos em outro lugar:[32] que a matéria mesma contém em seu próprio seio o começo de todas as formas, bem como produz e emite todas as coisas a partir dele. Não há aí uma pura exclusão; a matéria conceberia então todas as coisas de fora, quase como estrangeiras. Pois fora do seio da

---

31 Aristóteles, *Física*, I, 1922, que, no entanto, não diz exatamente isto, mas "o sujeito do desejo é a matéria, como uma fêmea deseja o macho e o feio, o bonito, salvo que ela não é feia em si mesma, mas por acidente".

32 No segundo diálogo do tratado *Da causa, do princípio e do uno*.

matéria, em verdade, não existe forma nenhuma, mas todas ficam latentes nele e dele todas são extraídas a seu tempo. Logo, deve ser claro para aquele que considera o vínculo na vida civil, e segundo todas as razões, como em toda a matéria ou em uma parte da matéria, em todo indivíduo ou no ser particular, subsistem em estado latente e ocultam-se todas as sementes, e então, por conseguinte, as aplicações de todos os vínculos podem ser realizadas por qualquer artifício hábil. E, em um dos *Trinta selos*,[33] ensinamos como se faz essa transformação geral e essa aplicação.

Artigo XV. Generalidade ou universalidade do vínculo.

Disso que acabou de ser dito segue-se que o amor com que nos amamos, o desejo por que todas as forças desejam, são coisas intermediárias entre o bem e o mal, entre o feio e o belo (sem ser, então, não belas, não feias), ou antes boas e belas segundo certa comunicação e participação. O vínculo do amor, de fato, advém dos princípios ativo e passivo, segundo a razão comum pela qual todas as coisas, tanto aquelas que agem quanto aquelas que sofrem a ação, como aquelas que fazem uma e outra coisa, todas ambicionam a ser ordenadas, acasaladas, unidas e perfeitas, na medida em que certa natureza produz a ordem, o acasalamento, a união e a perfeição; e sem este vínculo não existe nada, comó, sem a natureza, nada existe. Nem por isso, entretanto, o amor significa imperfeição, quando é contemplado na matéria e no Caos antes da perfeição das coisas; porque tudo isso que, no Caos e na matéria bruta sobre a qual tanto

---

33 A *Explicação dos trinta selos*, tratado escrito em Londres.

se tem especulado, é chamado amor, é ao mesmo
tempo chamado perfeição; mas entende-se que tudo
aquilo que se chama não-ser, imperfeição e de-
sordem não é amor. Fica estabelecido então que o
amor é em toda parte coisa perfeita, e que este
vínculo testemunha por toda parte a perfeição.
Pois, quando algo imperfeito ama ser conduzido à
perfeição, isto que ama ser conduzido à perfeição
certamente o obtém através da imperfeição, mas
não graças à imperfeição; mas certamente graças
à certa participação na perfeição, graças à luz
da divindade, e graças a um objeto de certa natureza mais elevada, e tanto mais vivamente quanto
mais veementemente deseja. Pois aquilo que é mais
perfeito se inflama de amor pelo sumo bem mais
ardentemente do que aquilo que é imperfeito. Per-
feitíssimo é então aquele princípio que aspira
a tornar-se todas as coisas, e que é levado não
para uma forma particular e uma perfeição particular, mas para a forma universal e a perfeição
universal. Tal é a matéria através do universo,
fora da qual não há forma, e em cuja potência,
apetite e disposição estão todas as formas; e
que acolhe em suas partes, sucessivamente, por
uma espécie de alternância, todas as formas, das
quais não poderia acolher duas simultaneamente.
E, assim, a matéria é algo de divino, assim como
estima-se que é algo de divino a forma, a qual ou
não é nada, ou é qualquer coisa da matéria. Não
há nada fora da matéria ou sem a matéria. Assim
como o poder-fazer e o poder-ser-feito são afinal
uma só e mesma coisa, e consistem em um só indivi-
sível fundamento, porque ao mesmo tempo se dá e se
tira aquilo que pode fazer tudo e aquilo tudo que
pode ser feito. E uma só é a potência absoluta,
em sua simplicidade (qualquer que seja a potência
no particular e nos compostos e nos acidentais que

fascinou os sentidos e a mente dos peripatéticos, com alguns dos seus asseclas encapuzados). Como dissemos mais vezes no escrito *Sobre o infinito e o universo*,[34] e com maior exatidão nos diálogos *Do princípio e do uno*,[35] concluindo que não é tola a opinião de Davi de Dinanto[36] e de Avicebron,[37] na obra *Fonte de vida*; ele a toma dos árabes, que ousaram até dar à matéria o nome de "Deus".

Artigo XVI. Comparação dos vínculos.

O vínculo mais poderoso de todos é o de Vênus, e o do amor segundo o gênero; e a ele se relaciona em primeiro lugar e como mais importante em equilíbrio e unidade o vínculo do ódio. Pois, na medida em que nós amamos um dos opostos ou contrários segundo o gênero, na mesma medida e por conseguinte odiamos ou desprezamos o outro. Estes dois sentimentos, mas em suma aquele único sentimento que é o amor (em cuja substância está incluído o ódio), domina a todos, exerce seu domínio sobre todos e os erige, dirige, regula e controla. Todos os outros vínculos são dissolvidos por este vínculo, de tal forma que, sob sua influência, os seres femininos não toleram as outras fêmeas, e os seres masculinos, os machos rivais; negligenciam a comida, a bebida e por vezes a própria

---

34 *De l´infinito, universo e mondi* (1584).

35 *De la causa, princípio ed uno* (1584).

36 David de Dinanto, filósofo panteísta do século XIII, refutado por São Tomas. Bruno evoca sua doutrina em *Da causa, do princípio e do uno*, no terceiro e no quarto diálogos.

37 Avicebron, ou Salomon Ibn Gabirol, que, no século XI, afirmou que a matéria é mãe de todas as coisas, único substrato universal.

72 OS VÍNCULOS

vida e nem quando vencidos desistem, mas, esma-
gados pelos mais fortes mais ainda lhes vão ao
encalço, e não temem nem a chuva nem o frio. Par-
tindo desse argumento, Aristipo[38] decretou que o
prazer do corpo, e, em particular, o venéreo, é o
sumo bem. Mas para ele, a seus olhos, em virtude
de sua própria compleição, o homem se apresentava
mais como um animal... É contudo verdadeiro que um
sedutor mais hábil e sagaz, a partir das coisas
que o objeto de seu desejo ama e odeia, abre caminho para os vínculos de outras paixões: pois o
amor é realmente o vínculo dos vínculos.

Artigo XVII. O tempo e o lugar dos vínculos.

Por melhores que sejam as sementes que se semeiam,
a propagação de coisas novas não se dá em toda
parte nem sempre; e nem os vínculos são sempre e
por toda parte capazes de enredar; mas, no devido
tempo, com a adequada disposição dos objetos, ad-
quirem a virtude da afecção.

Artigo XVIII. A distinção do vínculo.

Um vínculo puramente natural e puramente voluntário (no sentido em que o vulgo distingue entre natureza e vontade) não existe. A vontade,
de fato, age em toda parte com a participação do
intelecto, e o intelecto age em toda parte sem os
limites da vontade, exceto lá onde não há nada,
como o demonstramos em outros lugares;[39] disso
resulta que muitos se envolvam em muitas disputas
vãs. Há em nós, segundo a razão, três variedades

---

38 Aristipo de Cirene afirmava a primazia das impressões
    imediatas sobre todas as formas de conhecimento. O
    prazer como bem.

39 Por exemplo, o terceiro diálogo do Livro I do *De
    gl´heroici furori*.

de vínculos (embora todos estejam fundados sobre uma única raiz de natureza): vínculo natural, racional e voluntário. Então, em parte, não podemos controlar uma variedade de vínculo por meio de outra variedade. Por conseguinte, as leis dos sábios não proíbem amar, mas, sim, amar fora da razão; mas as imposturas dos estultos, sem razão, prescrevem à razão os limites da razão e condenam a lei da natureza; quanto mais corrompidos são, mais a chamam de corrompida, a tal ponto que os homens, longe de se erguer sobre a natureza como heróis, rebaixam-se como bestas, contra a natureza e abaixo de toda dignidade humana.

Artigo XIX. Progressão e escala do vínculo.

Para os platônicos, o entrelaçamento do vínculo do Cupido atua assim: em primeiro lugar, o aspecto do belo ou do bom, e de outros do gênero, é levado para os sentidos externos; em segundo lugar, retira-se para seu centro, que é o senso comum; em terceiro lugar, dirige-se à imaginação; em quarto lugar, à memória. Depois a alma, por uma inclinação própria, passa a desejar, de tal forma que, em primeiro lugar, é movida, atraída, arrebatada; em segundo lugar, atraída e arrebatada, é iluminada pelo raio do belo, do bom e do verdadeiro; em terceiro lugar, radiosa e iluminada, ela se inflama de um desejo sensual; em quarto lugar, abrasada, anseia ardentemente unir-se ao amado; em quinto lugar, unindo-se a ele, ela se mescla e se incorpora a ele; em sexto lugar, incorporada a ele, ela perde sua forma antiga e, de certo modo, abandona a si mesma e se reveste de uma qualidade estranha; em sétimo lugar, transforma-se completamente, assumindo a qualidade do objeto ao qual se transferiu e pelo qual foi afetada. Os platônicos

74 OS VÍNCULOS

definem a conversão ao movimento como a "preparação" do Cupido; a conversão propriamente dita, o "nascimento" do Cupido; a iluminação, o "alimento" do Cupido; a chama, o "crescimento" do Cupido; a união, a "investida" do Cupido; a incorporação, o "império" do Cupido; a transformação, o "triunfo" do Cupido, ou sua "perfeição".

Artigo XX. Os apoios da escala dos vínculos.

Aí tens aquilo em que repousa cada degrau dessa escala: o nascimento do Cupido dá-se primeiramente pelo alimento, pelas delicadezas, pelo luxo do corpo, e, em segundo lugar, pelos deleites ou pelos agrados do espírito ou da alma que são mais dignos da denominação de meditações, nas quais o belo se apresenta aliado à graça. O alimento de Cupido, que ele não permite que desapareça uma vez nascido, é o conhecimento do belo; mas o crescimento do Cupido é a detida meditação sobre o belo que conheceu. A investida do Cupido consiste em que o espírito, a partir de uma só parte do amado, desliza e se difunde a todas as outras, a fim de que possa se abrasar todo. O império do Cupido repousa sobre o fato de que o espírito do amante, tendo abandonado o corpo que lhe é próprio, vive e age no corpo de um outro. A transformação de Cupido é completa quando um morre por si mesmo e vive da vida do outro, de tal modo que termina por estabelecer domicílio ali, não tanto quanto em casa alheia, mas na sua própria. É isso que dizem os mitos que contam como Júpiter se transformou em touro,[40] e Apolo em pastor,[41] e Saturno

---

40 Júpiter se transformou em touro branco para carregar consigo a bela Europa.

41 Apolo, punido por Júpiter, viu-se reduzido à condição de pastor dos rebanhos do rei Laomedonte.

em cavalo[42] e outros deuses migraram para outras formas: o espírito, a partir de uma forma única e de uma espécie única de vínculo, se transporta a outras formas pelo movimento ou pela perturbação dos afetos.

Artigo XXI. As condições do vínculo.

Há certos traços exteriores que têm o poder de ligar, como os presentes, os atos de cortesia, as honrarias, os favores. Mas ligam verdadeiramente quando não traem a aparência de serem ofertas feitas para comprar, em troca, um retorno de amor. A evidência da barganha é a evidência de uma busca utilitária e ignóbil, e cai em descrédito.

Artigo XXII. A propriedade dos vínculos.

São vínculos apropriados e particularmente poderosos aqueles que atuam por aproximação do contrário, segundo uma espécie que por ora se pode explicar melhor com um exemplo do que com uma definição ou um nome (que é desconhecido). O humilde e generoso enlaça o espírito soberbo; pois o soberbo ama aqueles por quem se vê engrandecido, e tanto mais quanto maior é aquele que o elogia, visto que há maior valor em ser engrandecido pelos grandes do que pelos pequenos, e até costumamos desprezar a estima recebida destes. Aquele que deseja atar deverá observar com circunspecção a maneira pela qual o soberbo demonstra sua soberba. Pois alguns, por exemplo, os soldados, querem ter a primazia na força e no vigor do corpo, e por isso aceitam facilmente se não lhes atribuem a primazia no poder ou na sagacidade. Os filósofos, que se vangloriam do conhecimento da realidade,

---

42 Saturno, sob a forma de cavalo, uniu-se a Filira; desta união nasceu o centauro Quíron.

aceitam facilmente se não são exaltados pelo vigor de seus peitorais. O mesmo julgamento vale para lançar outros vínculos.

Artigo XXIII. A graça dos vínculos.

Os vínculos fazem nascer o desejo de uma espécie de gratidão. Assim, por exemplo (eu o demonstrarei em um único gênero de vínculo), nasce uma querela entre os amantes quando presumem que haja uma situação em que um deve alguma coisa ao outro; o amante denuncia a dívida da amada, pedindo que esta lhe restitua a alma subtraída, já que ele, morto no próprio corpo, vive em um corpo alheio; e, se o amante acaricia menos sua amada, ela se lamenta disso, como se ele se preocupasse menos; e o amante se queixa com a amada, se…

TEXTO INTERROMPIDO

Créditos

Fundação Bienal de São Paulo

Fundador: Francisco Matarazzo Sobrinho · 1898–1977 (*presidente perpétuo*)

Conselho de Honra: Oscar P. Landmann † (*presidente*)

Membros do Conselho de Honra composto de ex-presidentes: Alex Periscinoto, Carlos Bratke, Celso Neves †, Edemar Cid Ferreira, Jorge Eduardo Stockler, Jorge Wilheim, Julio Landmann, Luiz Diederichsen Villares, Luiz Fernando Rodrigues Alves †, Maria Rodrigues Alves †, Manoel Francisco Pires da Costa, Oscar P. Landmann †, Roberto Muylaert

Conselho de administração: Tito Enrique da Silva Neto (*presidente*) Alfredo Egydio Setubal (*vice-presidente*)

Membros vitalícios: Adolpho Leirner, Alex Periscinoto, Benedito José Soares de Mello Pati, Carlos Bratke, Gilberto Chateaubriand, Hélène Matarazzo, Jorge Wilheim, Julio Landmann, Manoel Ferraz Whitaker Salles, Miguel Alves Pereira, Pedro Aranha Corrêa do Lago, Pedro Franco Piva, Roberto Duailibi, Roberto Pinto de Souza, Rubens José Mattos Cunha Lima

Membros: Alberto Emmanuel Whitaker, Alfredo Egydio Setubal, Aluizio Rebello de Araujo, Álvaro Augusto Vidigal, Andrea Matarazzo, Antonio Bias Bueno Guillon, Antonio Bonchristiano, Antonio Henrique Cunha Bueno, Beatriz Pimenta Camargo, Beno Suchodolski, Cacilda Teixeira da Costa, Carlos Alberto Frederico, Carlos Francisco Bandeira Lins, Carlos Jereissati Filho, Cesar Giobbi, Claudio Thomas Lobo Sonder, Danilo dos Santos Miranda, Decio Tozzi, Eduardo Saron, Elizabeth Machado, Emanoel Alves de Araújo, Evelyn Ioschpe, Fábio Magalhães, Fernando Greiber, Fersen Lamas Lembranho, Gian Carlo Gas-

perini, Gustavo Halbreich, Jackson Schneider, Jean-Marc
Robert Nogueira, Baptista Etlin, Jens Olesen, Jorge Ger-
dau Johannpeter, José Olympio da Veiga Pereira, Marcos
Arbaitman, Maria Ignez Corrêa da Costa Barbosa, Marisa
Moreira Salles, Meyer Nigri, Nizan Guanaes, Paulo Sérgio
Coutinho Galvão, Pedro Paulo de Sena Madureira, Roberto
Muylaert, Ronaldo Cezar Coelho, Sérgio Spinelli Silva,
Susana Leirner Steinbruch, Tito Enrique da Silva Neto

Conselho fiscal: Carlos Alberto Frederico, Gustavo Halbreich, Tito Enrique da Silva Neto, Pedro Aranha Corrêa
do Lago

Diretoria executiva: Heitor Martins (*presidente*), Eduardo
Vassimon (*1º vice-presidente*), Justo Werlang (*2º vice-
-presidente*)

Diretores: Jorge Fergie, Luis Terepins, Miguel Chaia,
Salo Kibrit

30ª Bienal de São Paulo

Curadoria: Luis Pérez-Oramas (*curador*), André Severo (*curador associado*), Tobi Maier (*curador associado*), Isabela
Villanueva (*curadora assistente*)

Curadores convidados: Ariel Jimenez (Roberto Obregón),
Helena Tatay (Hans-Peter Feldmann), Susanne Pfeffer (Ab-
salon), Vasco Szinetar (Alfredo Cortina), Wilson Lazaro
(Arthur Bispo do Rosário)

Assessoria curatorial: Andre Magnin (Frédéric Bruly Bou-
abré, Ambroise Ngaimoko-Studio 3Z), Joaquim Paiva (Alair
Gomes), John Rajchman (Fernand Deligny, Xu Bing), Justo
Pastor Mellado (Ciudad Abierta), Luciana Muniz (Alair
Gomes), Micah Silver & Robert The (Maryanne Amacher),
Pia Simig (Ian Hamilton Finlay), Sandra Alvarez de Toledo
(Fernand Deligny), Teresa Gruber (Mark Morrisroe)

Diretor superintendente: Rodolfo Walder Viana

Consultor: Emilio Kalil

Coordenação geral de produção: Dora Silveira Corrêa

Curadoria Educativo Bienal: Stela Barbieri

Coordenação geral de comunicação: André Stolarski

Projetos e produção

Produtores: Felipe Isola, Fernanda Engler, Helena Ramos, Janayna Albino, Joaquim Millan, Marina Scaramuzza, Waleria Dias, Arthur Benedetti (*logística de transporte*), Grace Bedin (*transporte*), Viviane Teixeira (*assistente geral*), Luisa Colonnese (*assistente*), Marcos Gorgatti (*assistente*), Vivian Bernfeld (*assistente*)

Cenotécnico: Metro Cenografia | Quindó de Oliveira

Montagem de obras: William Zarella

Museologia: Macarena Mora, Graziela Carbonari, Bernadette Ferreira, Heloísa Biancalana

Projeto audiovisual de obras: Maxi Áudio Luz Imagem

Projeto luminotécnico: Samuel Betts

Transporte: Arte3 Log, ArtQuality

Expografia: *Metro Arquitetos Associados* — Martin Corullon (*arquiteto responsável*), Gustavo Cedroni (*arquiteto*), Anna Ferrari (*arquiteta*), Helena Cavalheiro (*arquiteta*), Felipe Fuchs (*arquiteto*), Bruno Kim (*arquiteto*), Marina Iioshi (*arquiteta*), Francisca Lopes (*estagiária*), Rafael de Sousa (*estagiário*)

Comunicação

Coordenação de comunicação: Felipe Taboada (*coordenador*), Júlia Frate Bolliger (*assistente de comunicação*), Julia Bolliger Murari (*assessora de imprensa*)

Coordenação de design: Ana Elisa de Carvalho Price (*coordenadora*), Felipe Kaizer (*designer gráfico*), Roman Iar Atamanczuk (*assistente de design*), André Noboru Siraiama (*estagiário*), Douglas Higa (*estagiário*)

Coordenação editorial: Cristina Fino (*coordenadora*), Diana Dobránszky (*editora*), Alícia Toffani (*assistente editorial*)

Coordenação de internet: Victor Bergmann (*coordenador*)

Apoio à coordenação geral: Eduardo Lirani (*assistente administrativo e produtor gráfico*)

Assessoria de imprensa: A4

Desenvolvimento de website: Conectt

Desenvolvimento do jogo educativo online: Zira

Edição e tradução de legendas: Cid Knipel Moreira, Christopher Mack, Jeffery Hessney, Mariana Lanari

Gerenciamento de documentação audiovisual: Renata Lanari

Produção gráfica: Signorini

Registro audiovisual: *Mira Filmes* — Gustavo Rosa de Moura (*diretor geral*), Bruno Ferreira (*coordenador, fotógrafo e editor*), Francisco Orlandi Neto (*fotógrafo e editor*), Rafael Nantes (*editor*), Brunno Schiavon (*assistente de edição*), Joana Brasiliano (*designer*), Luciana Onishi (*produtora executiva*), Juliana Donato (*produtora*), Leo Eloy (*fotógrafo*), Nick Graham Smith (*trilha sonora*)

Workshop de identidade visual

Designers convidados: Armand Mevis & Linda Van Deursen, Daniel Trench, Elaine Ramos, Jair de Souza, Rico Lins

Participantes do workshop: Adriano Guarnieri, Cecília Oliveira da Costa, Daniel Frota de Abreu, David Francisco, Débora Falleiros Gonzales, Miguel Nobrega, Pedro

Moraes, Rafael Antônio Todeschini, Renata Graw, Renato Tadeu Belluomini Cardilli, Tatiana Tabak, William Hebling

Equipe Bienal: Ana Elisa de Carvalho Price, André Stolarski, André Noboru Siraiama, Douglas Higa, Felipe Kaizer, Matheus Leston, Roman Iar Atamanczuk, Victor Bergmann

Coordenadora de produção: Renata Lanari

Educativo Bienal: Carolina Melo (*assistente de curadoria*), Guga Queiroga (*secretária*)

Supervisão geral: Laura Barboza

Relações externas: Helena Kavaliunas (*coordenadora*), Ana Lua Contatore (*assistente*), Juliana Duarte (*assistente*), Maíra Martinez (*assistente*)

Voluntários: Rosa Maia (*coordenadora*), Bárbara Milano, Chynthia Rafael da Silva, Daniela Fajer (*arquitetura*), Débora Borba, Gaelle Pierson, Giuliana Sommantico, Guilherme de Magalhães Gouvea (*comunicação*), Isadora Reis (*arquivo*), Karla Shulz Sganga (*produção*), Lucia Abreu Machado, Marcelle Sartori, Maria Cecília Lacerda de Camargo, Maria Fillipa Jorge, Maria Varon (*arquivo*), Mariana Lorenzi Azevedo (*curadoria*), Marina Mesquita, Paola Ribeiro, Paula de Andrade Carvalho, Paulo Franco, Tereza Galler, Vera Cerqueira

Ensino: Carlos Barmak (*coordenador*), Daniela Azevedo (*coordenadora*)

Pesquisa: Marisa Szpigel

Produção de conteúdo e palestras: Galciani Neves, Guga Szabzon, Leandro Ferre Caetano, Matias Monteiro, Otávio Zani, Ricardo Miyada, Tiago Lisboa

Comunicação: Daniela Gutfreund (*coordenadora*), Beatriz Cortés (*documentação/sala de leitura*), Denise Adams (*fo-*

tógrafa), Fernando Pião (*fotógrafo assistente*), Sofia Colucci (*estagiária*), Simone Castro (*jornalista*), Amauri Moreira (*documentação audiovisual*)

Produção: Valéria Prates (*coordenadora*), Agnes Mileris (*assistente de produção*), Auana Diniz (*assistente de produção*), Bob Borges (*produtor*), Eduardo Santana (*produtor*), Elisa Matos (*produtora*), Gregório Soares (*assistente de produção*), Marcelo Tamassia (*produtor*), Dayves Augusto Vegini (*assistente de produção*), Mauricio Yoneya (*assistente*), Danilo Guimarães (*estagiário*)

Formação de educadores: Laura Barboza (*coordenadora geral*)

Coordenadores: Elaine Fontana, Pablo Tallavera

Supervisores: Anita Limulja, Carlos Alberto Negrini, Carolina Velasquez, Debora Rosa, Marcos Felinto, Mayra Oi Saito, Pedro Almeida Farled, Rodrigo De Leos, Paula Yurie, Talita Paes

Arquivo Bienal: Adriana Villela (*coordenadora*), Ana Paula Andrade Marques (*pesquisadora*), Fernanda Curi (*pesquisadora*), Giselle Rocha (*técnica em conservação*), José Leite de A. Silva (Seu Dedé) (*auxiliar administrativo*)

Assessoria jurídica: Marcello Ferreira Netto

Finanças e controladoria: Fabio Moriondo (*gerente*), Amarildo Firmino Gomes (*contador*), Fábio Kato (*auxiliar financeiro*), Lisânia Praxedes dos Santos (*assistente de contas a pagar*), Thatiane Pinheiro Ribeiro (*assistente financeiro*), Bolivar Lemos Santos (*estagiário*)

Marketing e captação de recursos: Marta Delpoio (*coordenadora*), Bruna Azevedo (*assistente*), Gláucia Ribeiro (*assistente*), Raquel Silva (*assistente administrativa*)

Recursos humanos e manutenção: Mário Rodrigues (*gerente*), Geovani Benites (*auxiliar administrativo*), Rodrigo Martins (*assistente de recursos humanos*), Manoel Lindolfo Batista (*engenheiro eletricista*), Valdemiro Rodrigues da Silva (*coordenador de compras e almoxarifado*), Vinícius Robson da Silva Araújo (*comprador sênior*), Wagner Pereira de Andrade (*zelador*)

Secretaria geral: Maria Rita Marinho (*gerente*), Angélica de Oliveira Divino (*auxiliar administrativa*), Maria da Glória do E. S. de Araújo (*copeira*), Josefa Gomes (*auxiliar de copa*)

Tecnologia da informação: Marcos Machuca (*assessor especial*), Leandro Takegami (*coordenador*), Jefferson Pedro (*assistente de TI*)

Relações institucionais: Flávia Abbud (*coordenadora*), Mônica Shiroma de Carvalho (*analista*)

Educadores: Adriano Vilela Mafra, Aline de Cássia Silva Escobar Aparício, Aline Marli de Sousa Moraes, Amanda Capaccioli Salomão, Ana Carolina Druwe Ribeiro, Ana Paula Lopes de Assis, André Benazzi Piranda, Andrea Lins Barsi, Anike Laurita de Souza, Anna Livia Marques de Souza, Anna Luísa Veliago Costa, Anne Bergamin Checoli, Bianca Panigassi Zechinato, Bruna Amendola Dell Arciprete, Bruno Brito, Bruno Cesar Rossarola dos Santos, Camila Sanches Zorlini, Carlos Eduardo Gonçalves da Silva, Carolina Brancaglion Pereira, Carolina Laiza Boccuzzi, Carolina Oliveira Ressurreição, Carolina Tiemi Takiya Teixeira, Caroline Pessoa Micaelia, Catharine Rodrigues, Clarisse Gomes Valadares, Danielle Sleiman, Daphine Juliana Ferrão, Desiree Helissa Casale, Diego Castro da Silva Cavalcante, Diran Carlos de Castro Santos, Edivaldo Peixoto Sobrinho, Elfi Nitze, Elisabeth Costa Marcolino, Erivaldo Aparecido Alves Nascimento, Fabio Lopes do Nascimento, Fábio Moreira Caiana, Felipe Eduardo Narciso Vono, Fernanda Dantas da Costa, Fernando Augusto Fileno, Filipe Monguilhott Falcone, Flávia Marquesi de Souza, Francisco Ferreira Menezes, Frederico Luca L. e Silva Ravioli, Gabriel de Aguiar Marcondes

Cesar, Gabriele Veron Chagas Ramos, Gerson de Oliveira
Junior, Giovana Souza Jorqueira, Giuliano Nonato, Glaucia
Maria Gonçalves Rosa, Guilherme Pacheco Alves de Souza,
Inaya Fukai Modler, Isabella da Silva Finholdt, Isabella
Pugliese Chiavassa, Isabelle Daros Pignot, Isadora do Val
Santana, Isadora Fernandes Mellado, Ísis Arielle Ávila
de Souza, Jailson Xavier da Silva, Jaqueline Lamim Lima,
Jessica Cavalcante Santos, João Ricardo Claro Frare, Joice
Palloma Gomes Magalhães, Jonas Rodrigues Pimentel, Juan
Manuel Wissocq, Juliana Meningue Machado, Juliana Rodrigues
Barros, Lara Teixeira da Silva, Laura da Silva Monteiro
Chagas, Leandro Eiki Teruya Uehara, Letícia Scrivano, Lívia
de Campos Murtinho Felippe, Luana Oliveira de Souza, Lucas
Itacarambi, Lucas Ribeiro da Costa Souza dos Santos, Luci-
ano Wagner Favaro, Luís Carlos Batista, Luis Henrique Bahu,
Luísa De Brino Mantoani, Luisa de Oliveira Silva, Luiza
Americano Grillo, Marcela Dantas Camargo, Márcia Gonzaga
de Jesus Freire, Marcos Paulo Gomide Abe, Mariana Ferreira
Ambrosio, Mariana Peron, Mariana Teixeira Elias, Marília
Alves de Carvalho, Marília Persoli Nogueira, Marina Ribeiro
Arruda, Mayara Longo Vivian, Maysa Martins, Mona Lícia San-
tana Perlingeiro, Natalia da Silva Martins, Natalia Marque-
zini Tega, Nayara Datovo Prado, Pedro Gabriel Amaral Costa,
Pedro Henrique Moreira, Pyero Fiel Ayres da Silva, Rachel
Pacheco Vasconcellos, Rafael de Souza Silva, Rafael Ribeiro
Lucio, Raphaela Bez Chleba Melsohn, Raul Leitão Zampaulo,
Raul Narevicius dos Santos, Renan Pessanha Daniel, Renata
Gonçalves Bernardes, Ricardo Vasques Gaspar, Richard Melo,
Rômulo dos Santos Paulino, Roseana Carolina Ayres Lourenço,
Samantha Kadota Oda, Sarah de Castro Ribeiro, Simone Do-
minici, Sofia do Amaral Osório, Stella Abreu Miranda de
Souza, Suzana Panizza Souza, Suzana Sanches Cardoso, Taize
Alves Santana, Talita Rocha da Silva, Thais Regina Modesto,
Victoria Pékny, Viviane Cristina da Silva, Viviane Cris-
tina Tabach, Wilson de Lemos V. Cabral, Yolanda Christine
Oliveira Fernandes, Yukie Martins Matuzawa

Créditos da publicação

Edição: Editorial Bienal, Iuri Pereira, Jorge Sallum

Capa e projeto gráfico: Design Bienal

Programação em LaTeX: Bruno Oliveira

Preparação: Iuri Pereira

Revisão: Editorial Bienal, Iuri Pereira

Assistente editorial: Bruno Oliveira

Outros títulos

Giorgio Agamben
Ninfas

José Bergamín
A arte de birlibirloque / A decadência do analfabetismo

Filóstrato
Amores e outras imagens

Quignard
*Marco Cornélio Frontão — Primeiro tratado
da Retórica especulativa*

Patrocínio master

Patrocínio educativo

Bloomberg

Audioguia   Espaço climatizado

Patrocínio

Parceria cultural

Parceria cultural

SEMP TOSHIBA

Apoio mídia　　　　　　　Publicidade

Apoio institucional

Apoio internacional

  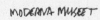

Realização

Adverte-se aos curiosos que se imprimiu esta obra em nossas
oficinas em 18 de setembro de 2012, sobre Norbrite Book Cream
66 g/m², composta em tipologia Menlo, em GNU/Linux (Gentoo, Sa-
bayon e Ubuntu), com os softwares livres LaTeX, DeTeX, VIM, Evince,
Pdftk, Aspell, SVN e TRAC.